Rita Greine, Heike Heilmann

Einfach professionell!

Mit pfiffigen Ideen raus aus dem Kita-Trott

Weitere Informationen finden Sie im Internet unter:
www.cornelsen.de/fruehe-kindheit

Lektorat: Renate Krapf, Weinheim
Umschlaggestaltung & Innenlayout: Claudia Adam Graphik-Design, Darmstadt
Satz: Ludger Stallmeister, Wuppertal
Illustrationen: Katharina Reichert-Scarborough, München

Bibliografische Information: Die Deutsche Bibliothek verzeichnet diese Publikation in der Deutschen Nationalbibliografie; detaillierte bibliografische Daten sind im Internet über http://dnb.ddb.de abrufbar.

1. Auflage, 3. Druck 2015

© 2013 Cornelsen Schulverlage GmbH, Berlin

Druck und Bindung: CPI-Clausen & Bosse, Leck

ISBN 978-3-589-24803-2

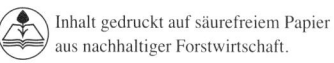 Inhalt gedruckt auf säurefreiem Papier
aus nachhaltiger Forstwirtschaft.

Inhaltsverzeichnis

Vorwort

„Wer in der Lage ist, sich seine kindliche Neugier und Naivität zu bewahren, ist glücklich dran"

Wer von uns kennt nicht Pippi Langstrumpf, jene Kinderbuchfigur der schwedischen Schriftstellerin Astrid Lindgren, die ganze Generationen von Kindern fasziniert hat und es noch immer tut? Sie agiert unkonventionell, mutig, stark und frei, „Ich mach' mir die Welt, wie sie mir gefällt!" ist ihr Lebensmotto. Pippi Langstrumpf geht ganz selbstverständlich davon aus, dass sie ihr Leben und ihre Lebensumstände selbst gestalten kann. Pippi lässt sich von niemandem etwas vorschreiben, sie hinterfragt konsequent jede Regel, Norm oder Gepflogenheit und entscheidet dann, ob sie sich an diese halten möchte oder eben nicht. Pippi traut sich Dinge zu tun, die andere Menschen scheuen. Sie nimmt ihr Leben selbst in die Hand und beugt sich keiner vermeintlichen Obrigkeit – weder von Lehrern, noch von Polizisten, Politikern oder ihrem Vater lässt sich das Mädchen Vorschriften machen.

Befürchtungen, die Geschichten über das freche und unbeugsame Mädchen würden ein schlechtes Vorbild für Kinder abgeben, haben sich nicht bestätigt. Laut Wikipedia gilt Pippi Langstrumpf als literarisches Vorbild für die Frauenbewegung und den Feminismus, zeigt es doch entgegen tradierter Rollenbilder ein Mädchen, das mit ihrer gesellschaftlich vorgegebenen Geschlechterrolle bricht und „stark, ungehemmt, lustig, rebellisch und unbeeindruckt von Autoritäten" ist. So habe das Buch „Generationen von Mädchen ermuntert, Spaß zu haben und an die eigenen Fähigkeiten zu glauben."

Natürlich ist in einem fiktiven Kinderroman alles möglich. Doch wie sieht es in der rauen Wirklichkeit aus? Werfen wir einen kurzen Blick auf das, was für viele im Frauenberuf „Erzieherin" Realität ist: Dort herrscht seit vielen Jahren „dicke Luft". Die schlechten Rahmenbedingungen, geringe Entlohnung und gestiegene Anforderungen lassen Erzieherinnen klagen, verzagen oder kämpfen. Viel Energie und Zeit wird für Beschwerden, Rechtfertigungen und Absprachen gebraucht, und wenig davon scheint es für Leichtigkeit, Frohsinn und das Auftanken bei der Arbeit zu geben. Die fröhlich mit den Kindern Verstecken spielende Praktikantin mutiert scheinbar zwangsläufig in wenigen Berufsjahren zur nörgelnden, unzufriedenen und desillusionierten Kollegin.

In den meisten Kitas ähneln sich die Phänomene: um 11 Uhr – große Hektik, weil alle Kinder zur gleichen Zeit nach draußen gehen. Geschubse, Gedränge, Geschreie, Jacken, Matschhosen, Schuhe und Taschen fliegen wild durcheinander, die Erzieherinnen schreien gegen den Lärmpegel an. Sind dann endlich alle Kinder im Garten, sieht man die Erzieherinnen, wie sie zusammenstehen und sich austauschen, oder sie sitzen auf irgendwelchen Bänken nebeneinander. Die Energie, mit den Kindern über die Wiese zu rennen, fehlt völlig. Muss das so sein? Können Sie daran etwas verändern, vielleicht sogar verbessern? Wir sagen ganz klar: Yes, you can! Sie haben es in der Hand, Sie können Ihre Arbeitsbedingungen selbst (mit-) gestalten, Sie können zufrieden, selbstsicher und entspannt mit Kindern, Eltern, Kolleginnen oder dem Träger Ihrer Kita umgehen.

Egal ob Sie nun bereits Erzieherin sind oder noch in den Überlegungen stecken, den Beruf zu ergreifen, egal ob Sie in Ihren ersten Berufsjahren arbeiten oder bereits eine „erfahrene Häsin" im Bereich der Elementarpädagogik sind – wir möchten Sie auf eine Reise einladen, diesen wundervollen Beruf der Erzieherin neu mit uns zu entdecken. Wir möchten mit Ihnen auf unserem kunterbunten Schiff lossegeln, um die Welt der Erzieherinnen anzuschauen und im Meer aus Bildungsplänen, Sprachförderungsprogrammen, Vorschularbeit, Kooperationen, (Eltern-)Erwartungen, Kinderlärm, Laternenbasteln, Singen, Kreisspielen, Portfolios, Elternabenden und Team-Sitzungen nach Inseln Ausschau halten. Vielleicht finden wir Ruheinseln oder eine Spaßinsel oder erschaffen eine Insel der Team-Wärme? Ohne Druck oder Stress segeln wir los, um zu den aufregenden, abenteuerlichen, mutigen und angenehmen Eigenschaften und Möglichkeiten des Erzieherinnenberufs vorzudringen.

Wir machen uns die Kita-Welt, wie sie uns gefällt!

Lassen Sie uns gemeinsam als Erzieherinnen den Alltag auf den Kopf stellen. Lassen Sie das Ruder los, kappen Sie die alten Leinen und überlassen Sie sich dem Wind und Ihrem Mut zu einer Entdeckungsreise, die neue Sichtweisen auf einen der wichtigsten Berufe unserer Gesellschaft ermöglicht. Erzieherin zu sein, bedeutet, die aktuelle und zukünftige Welt, in der wir Menschen leben, aktiv und willentlich mitzugestalten – Erzieherinnen sind Weltgestalterinnen. Kommen Sie mit und machen Sie sich Ihre Kita-Welt, wie sie Ihnen gefällt – am besten mit Ihren Kolleginnen zusammen.

Unser Wunsch ist es, den Lesern und Leserinnen dieses Buches Anlass zu Veränderung zu geben: in ganz kleinen Dingen des beruflichen Alltags, bei der wichtigen Entscheidung der Berufsfindung oder bei einem grundlegenden Haltungswechsel zur Berufstätigkeit. Und deshalb schreiben wir darüber, was uns und andere Menschen fasziniert an diesem Beruf. Wir möchten Einblicke geben in unsere Schatzkiste des Berufslebens, die randvoll ist mit eigenen Erfahrungen und Erlebnissen aus dem Erzieherinnenalltag. Egal ob im „Gruppendienst" oder in der Funktion als Leiterin – wir wissen, wovon wir hier erzählen. In uns brennt ein Feuer der Begeisterung für das (Er-)Leben mit Kindern und mit gesunden und lebenslustigen Kolleginnen in den Kitas – und in uns brennt der Wunsch, Sie mit dieser Begeisterung anzustecken. Sie dürfen und sollen Aha-Erlebnisse beim Lesen haben, Sie dürfen und sollen Ihre Kollegin anrufen und ihr Zeilen des Buches vorlesen, Sie dürfen und sollen uns Rückmeldung geben, wie es Ihnen beim Lesen ergangen ist. In erster Linie jedoch laden wir Sie ein, unser Pippi-Langstrumpf-Prinzip als Mensch zu lesen und zu genießen!

Dieses Buch möchten wir unseren Lebenspartnern Horst und Bianca widmen. Beide haben uns mit Geduld und viel Humor beim spannenden Schreibprozess begleitet.

Rita Greine und Heike Heilmann

Übrigens: Wir benutzen im Buch durchgängig die weibliche Berufsbezeichnung, weil immer noch in der Mehrzahl Frauen in den Kitas arbeiten. Die (noch) wenigen Männer, die sich für diesen Beruf entschieden haben, mögen uns verzeihen und sich trotzdem angesprochen fühlen.

1.
Erzieherin sein –
Mensch sein

Erzieherin sein – Mensch sein: Lassen sich die beiden Begriffe überhaupt getrennt betrachten? Die Berufsbezeichnung Erzieherin darf nur führen, wer über einen entsprechenden Nachweis der fachlichen Qualifikationen verfügt. Mensch ist man logischerweise immer, da braucht es keinen Leistungsnachweis, und doch sind die berufliche Identität und die Qualität der Arbeit als Erzieherin untrennbar mit dem Menschsein und mit menschlichen Qualitäten verbunden.

Doch was genau macht einen Menschen zu einem wertvollen Menschen? Was wünschen wir uns von unseren Mitmenschen? Welcher Eigenschaften bedarf es, um ein gelingendes Miteinander in menschlichen Gesellschaften zu erreichen? Und auf die Kita bezogen: Welche Werte und Regeln zählen hier für das Zusammenleben, und sind es andere als außerhalb der Kita? Können sich Eltern, Team und Kinder auf gemeinsame Werte verständigen? Neben den allgemeingültigen Gesetzen und Normen, die eine Gesellschaft aus soziologischer Perspektive „funktionieren" lassen, möchten wir zunächst einmal den Blick auf die Voraussetzungen und Optionen des Miteinanders in einer Kita lenken:

- In welchen Bereichen haben Erzieherinnen Möglichkeiten, ihren Arbeitsplatz individuell zu gestalten?
- Wer macht die Regeln in einer Kita, wer kontrolliert deren Sinn und deren Einhaltung? Was ist ein Muss und was kann in einer Kita sein?
- Wie finden Sie sich als neue Kollegin in einem neuen Team zurecht? Wie können Sie Team-Mentalitäten und Kita-Modalitäten erkennen? Wo und wie können Sie sich einbringen, wenn in Ihnen neue Ideen schlummern oder Sie Verbesserungsvorschläge haben?

Diesen Fragen wollen wir nachgehen – um Antworten zu finden, in erster Linie jedoch, um bei all unseren Tätigkeiten unser aller Menschsein in den Fokus zu rücken.

Erzieherinnen sind nicht perfekt

Der kleinste und doch zugleich größte gemeinsame Nenner in einer Kita ist der, dass alle Menschen Menschen sind – egal ob Kinder, Erzieherinnen, Eltern, Verwandte, Trägervertreter, Handwerker, Reinigungskräfte, Nachbarn oder Besucher! Und uns Menschen ist eigen, dass wir Fehler machen. Wir sind nicht perfekt! Wer auch immer das Perfekte definiert oder was auch immer das Ideale sein könnte – Menschen können dem nicht entsprechen: Sie sind nicht vollkommen. Diese Feststellung klingt banal, kann aber in Überforderungssituationen sehr hilfreich sein. Doch auch für eine Erzieherin gelten keine anderen Maßstäbe als für ihre Mitmenschen! Bildungspläne, Anforderungsprofile seitens der Ausbildung, des Trägers, der Schulen, der Eltern, der Politiker – sie lassen so manchen von uns daran zweifeln, ob wir tatsächlich „normale", sprich fehlerhafte, Menschen sein dürfen, um Erzieherin werden oder sein zu können.

Wenn wir unserem (beruflichen) Selbstverständnis zugrunde legen, dass wir alle Menschen sind, die nicht perfekt sind, so darf uns das getrost milde stimmen mit unseren eigenen Unzulänglichkeiten und mit überzogenen Anforderungen, denen wir nicht gerecht werden können. Wenn es also mal nicht rund läuft im Job, wenn das Gefühl der eigenen Unzulänglichkeit aufkommt und in der Kita eben der Bastelnachmittag ausfallen muss, weil einfach zu viele Kolleginnen krank sind, dann müssen wir uns die Beschwerden der Eltern nicht zu eigen machen: Wir entscheiden selbst, welche Kritik wir für angebracht und welche wir für ungerechtfertigt halten.

Wertewandel und seine Auswirkungen auf Kita und Familie

In Deutschland, wie in vielen anderen reichen Ländern auch, ist der Wertewandel unübersehbar. Gewalt, Respektlosigkeit, Ohnmachtgefühle und Ängste scheinen dominant und die Aspekte der Mitmenschlichkeit, der Zufriedenheit und des Wohlstandes aus dem Blickfeld zu geraten. Das durch die Medien und Politik forcierte Streben nach materiellem Besitz und Verlustängste führen zu einer zunehmenden Abkehr von Werten wie

Bescheidenheit, Einfachheit und Rücksichtnahme. Auch in den Familien und im Kita-Alltag lassen sich in dieser Hinsicht ganz konkrete Veränderungen spüren:

- Während die Ausgaben etwa für Spielsachen oder die Internetnutzung in Haushalten steigen, verbringen Kinder immer weniger Zuwendungszeiten mit ihren Eltern (Vorlesen, Gespräche, gemeinsame Mahlzeiten, Ausflüge, Sport, Besuche bei Freunden/Verwandten usw.). Viele Kinder lernen, dass Mobiltelefone und Medienkonsum wichtiger sind als das, was sie zu sagen haben.
- Auch Kindern (ab etwa dem Vorschulalter) werden Statussymbole oder Marken wichtiger, Anspruchsdenken und die Bildung von Vorurteilen nehmen zu. Zugleich scheint der Überfluss an Konsumgütern viele Familien (aber auch Erzieherinnen) zunehmend zu überfordern.
- Die Feststellung, dass Kinder in den ersten Jahren besonders lernbereit sind, hat nicht nur Pädagogen, sondern auch ganze Wirtschaftszweige auf den Plan gerufen, die den Anspruch auf frühkindliche Bildung kommerzialisieren: Lernmaterialien, Fachbücher, Beobachtungsbögen, Skalen, Motorikschleifen, Sprachförderung nach X oder Y überschwemmen den Markt.
- Die Betreuungskosten steigen, die Ansprüche der Eltern wachsen und zugleich verbessern sich die Rahmenbedingungen (zu große Gruppen, zu schlechte personelle und räumliche Ausstattung) nicht. Folge: Unzufriedenheit des Personals. Zugleich verlängern sich die Betreuungszeiten, d. h. die Kinder verbringen zunehmend mehr Zeit in Kitas, in denen sich die Mitarbeiterinnen nicht mehr wohlfühlen. In der Folge steigt die Personalfluktuation in den Kitas – wenige Kinder erleben ihre Kita-Zeit noch durchgehend mit denselben Bezugserzieherinnen.

Diese Auflistung ließe sich fortschreiben und sicher fallen Ihnen noch weit mehr Beispiele ein, die den gesellschaftlichen Wertewandel und seine Auswirkungen auf die Familien und den Kita-Alltag sichtbar machen. Dies führt zu der Frage, wie Erzieherinnen mit diesen Folgen umgehen und welche Auswirkungen dies auf ihre Berufsmotivation hat.

1.1 Die Frage nach der Berufsmotivation

Auf der Website www.erzieherin.de befindet sich neben zahlreichen Informationen rund um den Erzieherinnenberuf auch ein Anforderungsprofil und eine Tätigkeitsbeschreibung des Berufs. Neben der Freude am Umgang mit Menschen sollte eine Erzieherin demnach u. a. einer hohen Kinderlärmbelastung standhalten und sich von der kindlichen Neugierde auf diese Welt anstecken lassen können. Was wird von einer Erzieherin darüber hinaus erwartet? Und vor allem: Was erwartet sie selbst von ihrem Beruf? Diesen Fragen soll im Folgenden nachgegangen werden.

Beispiel: Anke

Auf die Frage, warum sie Erzieherin geworden ist, sagt Anke (42) nachdenklich: „Tja", lass mich mal überlegen." Eine kurze Pause, Anke ist anzusehen, wie sie in ihren Erinnerungen kramt. „Ach so, jetzt weiß ich es wieder: Meine beste Schulfreundin Anja wollte die Ausbildung zur Erzieherin machen, und weil mir meine Verwaltungslehre bei der Stadtverwaltung so gar keinen Spaß machte, kündigte ich kurzerhand in meiner Probezeit und ging mit Anja zur Erzieherinnenschule."

Anke steht für Frauen, die nicht von Beginn an vorhatten, Erzieherin zu werden, sondern sich zunächst in einem anderen beruflichen Metier versuchten. Heute leitet sie erfolgreich eine Kita und ist mit ungebrochener Begeisterung in ihrem Beruf tätig.

Beispiel: Judith

Anders bei Judith (35), die seit mehr als 5 Jahren „raus ist" aus ihrem Beruf als Erzieherin:

Nach der Ausbildung im Anschluss an ihre mittlere Reife, war sie ab ihrem 20. Lebensjahr als Erzieherin in ihrem Heimatort tätig. Sie arbeitete Vollzeit in Kitas unterschiedlicher Träger, nach unterschiedlichen Konzeptionen und mit verschiedener Klientel. „Also, ich kenne in meiner Stadt fast jede Kita. Die ersten zehn Berufsjahre war ich immer wieder Feuer und Flamme, wenn ich in einer Einrichtung neu angefangen habe. Sozialer Brennpunkt, Familiengruppen, Jugendzentrum und sogar in einer neu gebauten Krippe – überall probierte ich mich aus. Nach Fortbildungen glaubte ich ans offene Konzept, später an feste Gruppen und ein Jahr war ich in einem Waldkindergarten und hielt das für das Richtige."

Nach diesen 10 Jahren ging Judith, wie sie selbst sagt, die Puste aus: „Nix ging mehr, ich fühlte mich leer und ständig auf der Suche. Überall gab ich mein Bestes, doch nie kam ich an ein Ziel mit meiner Arbeit. Jedenfalls kam es mir so vor." Judith und ihr Mann beschlossen, es mit eigenen Kindern zu versuchen. Zunächst wollte Judith nur für ein Jahr Babypause machen und sich durch Schwangerschaft und Babyjahr eine kleine Auszeit vom stressigen Job gönnen. Mittlerweile erwartet sie nun ihr drittes Kind und kann sich einen Wiedereinstieg in ihren Beruf nur schwer vorstellen.*

Auch Judith ging also anfangs sehr in ihrem Beruf auf, sie probierte sich in vielfältigen Wirkungsbereichen aus, stets auf der Suche nach einer „beruflichen Heimat", in der sie sich angekommen und sicher fühlen kann. Leider blieb Judith diese „Heimat" versagt, und so steht sie für die Frauen, die ihr Heil in der Gründung einer eigenen Familie suchen, sich womöglich dauerhaft aus der Ganztagsbeschäftigung als Erzieherin zurückziehen und wenn überhaupt nur stundenweise wieder einsteigen.

Beispiel: Bianka

Bianka (54) war zunächst Arzthelferin und entschloss sich nach der Geburt einer behinderten Tochter, Heilerziehungspflegerin zu werden. Schon während ihrer Ausbildung entdeckte sie die positive Wirkung von Musik auf Kinder mit und ohne Behinderung. In all ihren beruflichen Arbeitsfeldern setzte sie sich fortan ein, Musik zu einem festen Bestandteil der pädagogischen Arbeit zu machen. Damit stieß sie mal auf Gegenliebe und Unterstützung, mal auf Irritation und Ablehnung. In ihr wuchs – obschon mit 40 Jahren Mutter dreier Kinder – der Wunsch nach einer selbstständigen Tätigkeit als Musikpädagogin. Sie besuchte Fortbildungen, verkaufte nach ihrer Scheidung das eheliche Haus und eröffnete von ihrem Anteil ein kleines Musikstudio für Kinder ab dem Babyalter. Von einem Teil ihrer Kolleginnen belächelt, vom Exmann für „verrückt" erklärt, schaffte Bianka es dennoch, mit der Unterstützung einiger guter Freundinnen nach zwei Jahren ihren Angestelltenjob in einer Kita endgültig zu kündigen und mit musikalischen Angeboten für Kinder ihren Lebensunterhalt zu erwirtschaften.

Bianka steht für Frauen, die ihren Ursprungsjob nutzen, um sich eine eigene Berufswelt zu erschaffen. Sie setzte der „Alleskönnerin" als Erzieherin (siehe Kap. 1.3) ihr Spezialwissen in einer Disziplin entgegen und entwickelte aus ihren Talenten ihre berufliche Bestimmung – quasi im Alleingang.

Motive, Sehnsüchte, Hoffnungen

Einer der wunderbarsten Aspekte in der Berufswelt Kita sind die Nachwuchskräfte. Sie eint der Wunsch, Kindern eine verlässliche Bezugsperson zu sein, sowie eine erwachsene Partnerin zum Spielen, für Gespräche und zum Trostspenden. Junge oder angehende Erzieherinnen sind meist noch unsicher im Umgang mit Kolleginnen, Träger oder Eltern, sie suchen Halt und Orientierung bei erfahreneren Team-Mitgliedern oder auch bei den Kindern selbst. Sie erobern sich ihre berufliche Rolle Stück für Stück und sind ein wahrer Schatz für jede Einrichtung. Durch sie haben ältere Kolleginnen die Chance, in die Retrospektive zu wechseln und vielleicht Verlorengegangenes (wieder-)zuentdecken.

Der Wunsch, Erzieherin zu werden, impliziert zwar multikausale Motive, lässt aber doch auch Rückschlüsse auf verbindende Hoffnungen und Sehnsüchte zu, die den Berufsstand kennzeichnen. Häufig genannte Gründe und Motivatoren für die Berufswahl sind:

- Erfahrungen mit Kindern, beispielsweise als Babysitter, im Verein als Betreuerin, als Hausaufgabenhilfe oder bei der Versorgung jüngerer Geschwister oder Kinder aus dem näheren Umfeld, z.B. aufgrund der Berufstätigkeit der Mutter
- Erste schöne Kontakte als Praktikantin in einer Kita oder die eigenen Erfahrungen als Kita-Kind
- Schlechte Erfahrungen als Kita- oder Schulkind verbunden mit dem Wunsch, es selbst besser machen zu wollen
- Hoffnung, eigene schlechte psychosoziale Erfahrungen wie Misshandlungen, seelische Gewalt oder schulisches Versagen durch Geborgen-

heit und Zugehörigkeit zu einer Kindergruppe und/oder einem Team zu überwinden
- Freude am Spiel und Zusammensein mit Kindern
- Die Nähe zum „eigentlichen" Berufswunsch wie Lehrerin oder Künstlerin
- Einstiegsausbildung mit dem Ziel der Weiterqualifikation und Spezialisierung im pädagogisch-therapeutischen Bereich (Heilpädagogin, Logopädin)
- Mangel an Alternativen etwa bei fehlenden Voraussetzungen für ein Studium oder für andere Berufe; vermeintlich niedriges Anforderungsprofil (z. B. „nur" mittlerer Schulabschluss, keine Fremdsprachen, nur Grundrechenarten notwendig, wenig Schriftverkehr und Verwaltungsaufgaben, kognitive „Überlegenheit" gegenüber Kindern)
- Sicherheit des Arbeitsplatzes, Bezahlung nach Tarif, gute Berufschancen durch den Ausbau von Kita-Plätzen
- Zugehörigkeit zu einem Team, Gruppengefühl
- Vorbereitung auf die eigene Mutterrolle
- Neigungen zu hauswirtschaftlichen Tätigkeiten wie Backen oder Kochen oder Interesse an kreativen Bereichen wie Zeichen, Malen, Theater, Tanz oder Musik
- Arbeit in einem Frauenberuf, Austausch mit Kolleginnen
- Kein Berufskleidungszwang.

Diese Aufzählung bildet nur einen Teil möglicher Motive der Berufswahl ab. Sie impliziert aber auch den übergeordneten Wunsch, beruflich gerne Zeit mit Kindern verbringen zu wollen. Dieser Wunsch alleine für sich genommen klingt banal und ist doch wesentlich für die Art und Weise, wie eine Erzieherin ihren Beruf ausübt.

Die eigenen Motive hinterfragen

Ich mag Kinder! – Diesen Satz wird wohl jede Erzieherin sofort unterschreiben. Eine positive Grundhaltung zu Kindern ist unabdingbar für ihre Arbeit. Zugleich scheint eine solche Haltung gesamtgesellschaftlich gesehen immer geringer ausgeprägt zu sein. Unter den Bedingungen der heutigen Arbeitswelt und den Anforderungen des Alltags scheint vielen Erwachsenen „die Luft auszugehen": Zeit ist knapp und damit auch die

Zeit, die Kinder mit ihren Eltern verbringen können. Das Maß ist abhängig vom Wunsch und den Möglichkeiten der Eltern, sich um ihre Kinder zu kümmern. Obgleich die Kinderzahl sinkt, scheint der Stress in den Familien ständig zuzunehmen. Viele Kinder wachsen heute in Familien auf, die aus den unterschiedlichsten Gründen weniger Zeit für einen ritualisierten Familienalltag haben.

Damit kommt der außerfamiliären Betreuung und der Begleitung kindlicher Entwicklung eine große gesellschaftliche Bedeutung zu: Heutzutage besuchen die meisten Kinder eine Kita, bevor sie eingeschult werden, und für viele liegt die tägliche Betreuungszeit bei sechs Stunden und mehr. Zugleich wissen wir, dass der familiären Sozialisation nach wie vor *die* zentrale Bedeutung kindlichen Aufwachsens zukommt: Die Zugehörigkeit zur Ursprungsfamilie bestimmt das Schicksal eines Kindes am nachhaltigsten!

Dieses Wissen ist für die Arbeit einer Erzieherin von enormer Bedeutung und ebenso entlastend: Denn es ist der Schlüssel, um ein fehlgeleitetes mögliches Berufsmotiv zu hinterfragen: Die Hoffnung, Kindern ein positives Beispiel eines Erwachsenen vorleben zu können, indem eine Erzieherin als Gegenpol zu möglicherweise desinteressierten, überforderten oder lieblosen Eltern alles versucht, um den betreffenden Kindern die Liebe und Hingabe zu schenken, die sie, aus welchen Gründen auch immer, nicht ausreichend erhalten. Das ist schlicht unmöglich! Eltern – und damit elterliche Liebe, Hingabe und Zuwendung – sind durch nichts und niemanden zu ersetzen. Hier gilt es zu reflektieren, welches persönliche Motiv hinter dem vordergründigen Wunsch „zu helfen" verborgen liegt, beispielsweise der Drang, eigene traumatische Erlebnisse aus der Kindheit abzuarbeiten.

Umso wohltuender, entspannenden und realitätsnaher ist da die folgende Perspektive:

- Kinder können gesunde, zufriedene und liebevolle Eltern für ihre kindliche Entwicklung gut gebrauchen. Aber Eltern sind Menschen, und sie sind nicht perfekt.
- Kinder können gesunde, zufriedene und professionell-reflektierende Erzieherinnen als Begleitung ihrer Entwicklung gut gebrauchen. Aber Erzieherinnen sind Menschen, und sie sind nicht perfekt.

Spuren hinterlassen zu wollen bei den Kindern, mit ihnen Freud und Leid des Alltags zu meistern und sie als kleine, nicht perfekte Menschen annehmen zu können, darf gerne als oberster Berufswunsch angegeben werden. Was welches Kind jedoch behält, das obliegt allein ihm selbst und entzieht sich (zum Glück) dem Einfluss von Erwachsenen.

Tipp: Als Team über ursprünglichen Berufsmotivationen ins Gespräch zu kommen, kann nur wärmstens empfohlen werden. Ein Austausch darüber sollte stets wertschätzend und freiwillig geführt werden: Jedes Team-Mitglied darf seine Wünsche und Hoffnungen der Berufswahl zeichnen/darstellen und ggf. bei einer internen Ausstellung im Team-Zimmer vorstellen. Dies dient nicht der Aufdeckung von Widersprüchen, sondern ist Ausdruck von Erkenntnis, Reflexionsfähigkeit und dem Willen zur Selbstgestaltung.

Vielfalt als Chance begreifen

Jedes Kind ist einzigartig: seine Gesten, sein Gang, sein Lachen, seine Aussprache. Manchmal erinnert ein Kind eine Erzieherin an ein anderes aus ihrer beruflichen Vergangenheit, oder manche Eigenarten eines Kindes sind familienspezifisch und kennzeichnend für alle Mitglieder einer Familie; niemals jedoch gleicht ein Kind einem anderen zu 100 Prozent. Diese immense Vielfalt wahrzunehmen und mit ihr umzugehen, gehört zu den interessantesten und zugleich anstrengendsten Aspekten unseres Berufs.

Wie sollen die Unterschiedlichkeiten von so vielen großen und kleinen Menschen in einer Kita unter einen Hut gebracht werden? – Das ist gar nicht, so einfach. Motive, Sehnsüchte und Hoffnungen für eine bessere (Kita-)Welt müssen scheitern, wenn die Realität nicht gesehen und akzeptiert wird. Doch genau hierin liegt die Chance auf ein erfülltes (Berufs-)Leben als Erzieherin: Je mehr ein Erzieherinnen-Team um die Unmöglichkeit eines „Kita-Paradieses" weiß, desto kleiner sind die Erwartungshaltungen und der Wunsch nach „Friede, Freude, Eierkuchen", also nach einem oberflächlich perfekt-friedvollen Miteinander von Menschen.

Ein Haltungswechsel vom Konjunktiv (hätte, wäre, könnte) und damit vom Wunschdenken hin zum Ist-Zustand des Möglichen ist Ausdruck des Gestaltungswillens eines Teams. Indem wir die Welt sehen als das, was sie nun einmal ist – nämlich voller Menschen, die nicht perfekt sind –, können wir auch die Grenzen des Machbaren besser verstehen, immerhin sind wir ein Teil des Gefüges. Es bleibt die Aussage von Erzieherinnen, gerne mit Kindern Zeit zu verbringen, und die Erkenntnis, dass es unmöglich ist, sämtliche mit dem Beruf verbundenen Ansprüche zu erfüllen.

1.2 Vom Denken in Schubladen und vom Perspektivenwechsel

Die Vielzahl an Informationen, die uns Menschen täglich umgibt, macht es notwendig, sinnverwandte Themen zu bündeln und gemeinsam abzuspeichern. Wir können uns das menschliche Gehirn als eine riesige Bibliothek vorstellen, in der alle Informationen, die uns die Umgebung liefert, einsortiert werden. Bereits in frühester Kindheit beginnen wir damit, Kategorien wie groß und klein oder wichtig und unwichtig zu bilden, um mit der Flut sinnlicher Wahrnehmungen umgehen zu können. Um das Gespeicherte sinnvoll abrufen und in Handlungen integrieren zu können, entwickeln wir Automatismen. Man stelle sich vor, Autofahrer müssten ihr Leben lang bei jeder Handbewegung konzentriert überlegen, was nun zu tun ist. Vor lauter Nachdenken, Abwägen und Neueinschätzen würde niemand vorwärts kommen. Autofahrer bilden unbewusst automatisierte Kategorien, die in Blitzgeschwindigkeit von ihrem Gehirn verarbeitet und in sinnvolle Bewegungsabläufe übergeleitet werden. Je mehr bestimmte Tätigkeiten und Situationen geübt werden (Trainingseffekt), desto selbstverständlicher sind die richtigen Reaktionen.

Die positiven Seiten des Schubladendenkens

Unser Gehirn verfügt über hervorragende Strategien, die uns zum lebenslangen Lernen befähigen. Es speichert immense Informationsmengen, kategorisiert diese mit bestimmten Überschriften und steckt sie in eine Art geistige Schublade. Ohne unser bewusstes Zutun können wir in bestimmten Situationen diese Schubladen öffnen und deren Inhalt benutzen. So erinnern wir beispielsweise bei der Hochzeit unserer besten Freundin unsere Tanzkurse, nachdem uns ein Gast zum Tanz aufgefordert hat: Unser Gehirn „zieht alle Register" und alsbald scheinen die passenden Tanzschritte wie von selbst in unsere Beine zu gelangen. Solche Schubladeninhalte können immer wieder ergänzt und überarbeitet werden. Letztlich ist Lernen nichts anderes als Veränderung, sei es im Verhalten oder im Wissensschatz. Menschen lernen, ob sie wollen oder nicht! Wir können nicht nichts lernen.

Der Begriff „Schubladendenken" ist negativ besetzt, wenn er im Sinne einer zu starren Geisteshaltung gebraucht wird. Doch ohne das Schubladendenken würde sich unser menschliches Miteinander schwierig gestalten, denn auch unser Wortschatz, unser Urteilsvermögen, unsere Werte, Normen, Erfahrungen und Sehnsüchte sind in solchen Gehirnschubladen untergebracht. Je nachdem, in welchem Kulturkreis wir aufwachsen und le-

ben, unterscheiden sich die Schubladen in Inhalten und Struktur: So befindet sich in der „Bibliothek" von vielen hawaiianischen Einwohnern polynesischer Herkunft beispielsweise nautische Kenntnisse, die als menschliches Kulturgut von Generation zu Generation weitergegeben wurden. Wird dieses Wissen jedoch nicht mehr benötigt, nicht gebraucht oder nicht gerne benutzt, dann verkümmert es oder wird in eine der hinteren Schubladen der Gehirnbibliothek verdrängt. Einmal Erlerntes verschwindet aber niemals ganz aus unserem Gehirn, alles Gelernte hinterlässt Spuren.

Wenn wir nun zu dem Kernsätzen der vorherigen Kapitel hinzunehmen, dass wir alle lebenslang Lernende sind, dann wird deutlich, welchen inneren Reichtum wir im Laufe des Lebens erwerben können:

- Wir sind Menschen und wir sind nicht perfekt.
- Menschen können lebenslang lernen.
- Menschliche Gehirne sind wie riesige Bibliotheken.
- Menschen können sich verändern.

Die Bildung von Kategorien ist also zunächst nichts Schlechtes, sondern im Gegenteil eine hervorragende Leistung des menschlichen Gehirns. Erzieherinnen begleiten Kinder bei deren „Bibliotheksaufbau". Sie können einen (nahezu) freien Eintritt in die Räumlichkeiten der „Kinderbibliothek" erhalten, wenn es ihnen gelingt, stabile und positive Beziehungen zu den Kindern aufzubauen. Denn wo Vertrauen ist, kann gut gelernt werden, weil es keine Angst gibt, Fehler zu machen oder etwas noch nicht zu wissen. Wo Vertrauen ist, werden Fragen gestellt. Wo Vertrauen ist, möchte man gerne sein. Kinder bei der Entdeckung der Welt zu begleiten, sie dabei zu beobachten, wie sie Zusammenhänge erkennen, wie sie voller Stolz auf unser Erwachsenenlob reagieren oder wie sie sich Hilfe suchend an uns klammern, wenn etwas schief gegangen ist oder ihnen Kummer bereitet – das gehört zu den schönsten Aspekten des Erzieherinnenberufs.

Perspektivenwechsel erleichtert die Zusammenarbeit

Die Inhalte der Kategorien (Schubladen) immer mal wieder einer kritischen Prüfung auf Sinnhaftigkeit und Aktualität zu unterziehen, kann dabei helfen, sich selbst und das eigene Handeln und Denken zu hinterfragen. Vielleicht führen Veränderungen im persönlichen Umfeld zu einem Perspektivenwechsel oder neue Freunde oder Partner wirken inspirierend, um Sachverhalte in einem neuen Licht sehen zu können.

Beispiel: Das Mehrgenerationen-Team

Die Kolleginnen in diesem Beispiel sind zwischen 20 und 60 Jahren alt. Es arbeiten also drei Generationen von Erzieherinnen zusammen. Das stellt alle Beteiligten vor große Herausforderungen, denn es prallen durch die Generationsunterschiede drei „Bibliotheken" aufeinander.

Bettina (28) zählt in ihrer Kita zu den jüngeren Kolleginnen. Insgesamt gehören fast 20 Personen dem Team an, seit Kurzem auch zwei männliche Kollegen. Der Heimatort, aus dem es Britta in die Großstadt verschlagen hat, war überschaubar, norddeutsch, kaum ausländische Familien. Hier hielten Ehen noch ein Leben lang und Verträge wurden per Handschlag geschlossen. In ihren acht Berufsjahren in der Stadt hatte sie vieles hinzugelernt und ist zu einer offenen, mutigen und kämpferischen Erzieherin geworden.

Sie setzte sich in erster Linie für die Kinder aus armen Familien ein, sammelte Geld für Schulranzen, besuchte sie zu Hause und versuchte, ihnen eine liebevolle Vertraute zu sein. Als ein Mädchen aus einer gleichgeschlechtlichen Ehe zu ihnen kam, wollte sie es sofort in ihrer Gruppe haben, denn sie wusste, dass manche Eltern sich darüber aufregen würden. Sie nahm Kinder mit Handicap in ihre Gruppe auf, sie unterstützte ihre Chefin bei deren Vision eine inklusive, weltoffene Einrichtung zu schaffen. Heute sagt Bettina: „Ich bin so froh, die Chancen der Großstadt für mich genutzt zu haben. Diese Vielfalt hier und die neuen Eindrücke haben mein Leben sehr bereichert. Es gibt hier immer was zu tun oder etwas Neues für mich zu entdecken – und meine Eltern sind heilfroh, dass ich nicht mehr so schüchtern bin wie früher."
Bettina ist in ihrer Kita angekommen, sie fühlt sich wohl im Team und von ihrer Leiterin anerkannt.

So wie Bettina ihre eigene Geschichte in ihre Arbeit mitbringt, zeichnen sich auch die übrigen 19 Kolleginnen durch ein buntes Gemisch unterschiedlicher Herkunftsmilieus aus. Manch eine Kollegin stammt aus einem fremden Herkunftsland, es gibt viele verschiedene Neigungen, Talente, Lebensformen und Religionen im Team. Während die eine Kollegin ganz in ihrer privaten Rolle der Großmutter aufgeht, erlebt die junge Mitarbeiterin privat gerade den ersten Umzug aus dem Elternhaus. Da sind Kolleginnen mit Kindern und Kolleginnen, die Angehörige pflegen, andere, die ein zeitintensives Hobby pflegen, oder Kolleginnen, die neben der Arbeit in der Kita einem Zweitjob nachgehen, um Schulden abzuzahlen. All diese Unterschiede innerhalb eines Teams ergeben Spannungsfelder und bieten hinreichend Konfliktpotential. Auffassungsunterschiede bezüglich pädagogischer oder kollegialer Werte und deren Ausleben in der Kita kommen zudem hinzu.

Die Perspektive auf die Heterogenität eines Kita-Teams kann positiv im Sinne von Vielfalt und Lebendigkeit sein, aber auch negativ im Sinne von Stress und Disharmonie. Bedenkt man jedoch, dass auch die Kinder einer Gruppe sehr bunt gemischt sein können, erklärt sich von selbst, dem positiv-konstruktiven Blick auf Vielfalt den Vorzug zu geben. Den Mitarbeiterinnen im Beispiel gelingt es trotz der Altersunterschiede nach dem Motto „Wir wollen auch gar nicht perfekt sein" immer wieder, aus der heterogenen Zusammensetzung ein Kita-Team zu formen: ein Team, das im Austausch steht, das Erfahrungen teilt, das Anregungen gibt, das voneinander und miteinander lernt, streitet, sich versöhnt, miteinander lacht und den Kindern lebenslanges Lernen von- und miteinander vorlebt.

Beispiel: Berufseinsteigerin Manuela

Manuela (20) ist mit ihrer Ausbildung zur Kinderpflegerin fertig, die sie nach ihrem Hauptschulabschluss gerade eben so geschafft hat. Die Suche nach einer Anstellung gestaltet sich schwierig, weil kein Träger Kinderpflegerinnen einstellen möchte. Sie gelten im Vergleich zu Erzieherinnen als schlechter qualifiziert für die Arbeit mit Kindern. Manuela will später die Ausbildung zur Erzieherin anschließen, doch erst einmal will sie Berufserfahrung sammeln und endlich ihr erstes Geld verdienen. Schließlich findet sie einen freien Träger, der sie einstellt. Voller Elan und Vorfreude tritt sie ihre Arbeit in einer Kita an, versichert Leiterin und Kolleginnen ihre feste Absicht, ihr Bestes zu geben, und macht sich daran, ihre erworbenen Fachkenntnisse mit den Kindern in die Tat umzusetzen. Sie konzentriert sich darauf, die Kinder kennenzulernen und freut sich, dass diese offen und neugierig auf sie zukommen.

Bald schon kann sich Manuela kaum retten vor den Spielangeboten der Kinder: Alle möchten draußen mit ihr Fangen spielen und beim Vorlesen auf ihrem Schoß sitzen. Manuela ist begeistert, abends erzählt sie zu Hause mit strahlenden Augen von den Erlebnissen mit den Kindern. Die Rauchpausen nutzt sie, um ihren Freunden und ihrer Mutter Kurznachrichten zu senden, wie froh und glücklich sie mit den Kindern sei. Doch bereits am dritten Tag glaubt Manuela, eine angespannte Stimmung unter den Kolleginnen zu spüren, denkt sich aber nichts dabei. Bei Manuelas Kategorienbildung in der „Gehirnbibliothek" sind zu dieser Zeit eher die Schubladen für Angebote, den Umgang mit Eltern, für sicheres Auftreten gegenüber Kolleginnen und den Aufbau stabiler Bindungen zu den Kindern aktiviert. Zwischendurch geht sie mal die eine oder andere Zigarette rauchen (meldet sich vorher ab), denkt dabei über Situationen in der Gruppe nach und schickt ihrer Mutter eine Kurznachricht, alles laufe prima, sie solle sich keine Sorgen machen.

Ein paar Tage später – Manuela kennt inzwischen alle Namen der Kinder – piept ihr Mobiltelefon in ihrem Rucksack, der auf einem Regal im Gruppenraum liegt. Die fünfjährige Lena, mit der Manuela gerade am Tisch spielt, schaut Manuela fragend an. Manuela sagt: „Das war nur mein Handy, Lena. Das hat gepiept, weil ich eine Nachricht bekommen habe." Lena nickt wissend, die beiden spielen weiter. Dass Frau Joon-Giekler (49), Manuelas Gruppenkollegin, in der abgetrennten Malecke missbilligend ihren Kopf schüttelt, bleibt Manuela verborgen.

Am nächsten Morgen ist Manuela 10 Minuten vor Dienstbeginn bereits in der Kita, darum geht sie kurz nach draußen und raucht eine Zigarette. Als sie einige Zeit später wieder mit Lena spielt, fragt diese sie, wie denn ihr Handy aussehe. Maria beschreibt dem Mädchen ihr Mobiltelefon als rosafarben mit Hello Kitty Motiven. Lenas Augen leuchten auf und sie bittet Manuela, ihr das Handy doch mal zu zeigen. Manuela zögert und denkt nach – aber nur ganz kurz, denn sie kann nur zu gut verstehen, dass Lena ihr „Mädchenhandy" gerne betrachten möchte. Gedankenverloren sitzen Manuela, Lena und mittlerweile noch einige Kinder mehr auf dem Bauteppich und schauen sich Manuelas Handy genau an. Sie bemerken nicht, dass Frau Joob-Giekler den Raum verlässt, direkten Fußes Richtung Leitungsbüro marschiert und die dortige Bürotür mit den Worten „Also, jetzt reicht es aber wirklich!" öffnet. Ohne direkt mit Manuela zu sprechen, hatten sich einige Team-Kolleginnen bei der Leiterin über Manuelas Verhalten beschwert. Manuela war es überhaupt nicht in den Sinn gekommen, etwas falsch zu machen, wenn sie in ihren Pausen rauchte oder ihr Handy in ihrer Nähe aufbewahrte.

Die sogenannten „ungeschriebenen Gesetze", die in einem Betrieb existieren, waren der jungen Kollegin nicht vertraut. Sie hätte eine fürsorgliche Begleiterin benötigt, eine erfahrene Kollegin, die sie verständnisvoll in die neuen Aufgaben einweist. Am besten eine Kollegin, die sich selbst noch gut an ihre eigenen Anfänge im Berufsleben erinnert und milde wird, wenn sie an eigene Fehler der Anfangszeit zurückdenkt. Alle Berufsanfängerinnen sind unerfahren, unsicher und befinden sich in einem Stadium zwischen Auszubildendenstatus und vollwertiger Arbeitskraft, die Verantwortung tragen kann. Manuela aus unserem Beispiel stolperte ohne Wissen in eine persönliche berufliche Krise, denn sie wurde wegen des Rauchens und des Zeigens ihres Handys abgemahnt und ihr drohte der Verlust ihres Arbeitsplatzes. Vor allem aber verunsicherte Manuela die Abmahnung zusätzlich zu ihrer Unerfahrenheit.

Doch statt den Kopf in den Sand zu stecken und sich schlecht zu fühlen, in der Gewissheit, ihrem Job nicht gewachsen zu sein, wählte Manuela den Weg der Offensive. Jedem wollte sie ihre Sichtweise darlegen, von Kolleginnen, über Leiterin, Abteilungsleiterin bis hin zum Personalchef. Dadurch verursachte sie einen gehörigen Wirbel, fand letztlich jedoch auch Gehör und einige Menschen, die von ihrer Hartnäckigkeit beeindruckt waren. Ihr wurde die Chance gegeben, es in einer anderen Kita noch einmal von Neuem zu versuchen, vielleicht hatte es in der ersten Kita ja einfach nicht „gepasst". Manuela hat es dann doch noch geschafft, in einer Kita Fuß zu fassen, doch ohne ihren Glauben an sich selbst, wäre es sehr schwierig geworden.

Vertrauensvorschuss geben und nachsichtig sein

Gerade ältere Erzieherinnen tun sich oft schwer mit den „jungen Wilden", die als Praktikantinnen oder Einsteigerinnen voller Tatendrang und manchmal chaotischem Enthusiasmus „die Kinder aufmischen" und sie dann nicht wieder beruhigen können. Sie passen nicht in die durch lange Erfahrung aufgebaute „Bibliothek". Wenn es aber gelingt, diese unbändigen Energien in geeignete Bahnen zu lenken, sind diese jungen Wilden ein Quell reiner Lebensfreude. Maßstab sollten in erster Linie die Kinder sein. Sind sie von einer jungen Kollegin angetan, fassen sie Vertrauen und suchen die Nähe, dann scheint das „Herz am rechten Fleck" zu sein. Ein Quäntchen Vertrauensvorschuss tut im Übrigen jeder Arbeitnehmerin gut. Und mit wenig Angst passieren auch weniger Fehler.

Menschen brauchen Menschlichkeit! Manuela schenkte den Kindern ihre Menschlichkeit, ihre Wärme und ihr Vertrauen. Dass sie noch unerfahren war, Fehler machte, noch nicht die Verantwortung oder den Überblick über das Gruppengeschehen haben konnte, liegt auf der Hand. Darum entwickeln sich Menschen ja weiter und lernen hinzu. Vertrauen und Nachsicht wünschen wir jungen Kolleginnen von ihren neuen Teams. Und wenn bei der Berufseinsteigerin die Überzeugung vorhanden ist, im richtigen Beruf angekommen zu sein, so darf auch mutig um Anerkennung gekämpft werden. Die Kinder zeigen deutlich, ob sie eine Kollegin mögen und mit wem sie ihre Zeit verbringen möchten.

1.3 Mein Team, dein Team – das Team ist für uns alle da!

Das Team im folgenden Beispiel hat sich darauf verständigt, sich an den schönen Aspekten seines Berufs zu orientieren und negativen Begleiterscheinungen nicht mehr Gewicht zu geben, als unbedingt notwendig ist.

Beispiel: Der Ton macht die Musik

Es ist Montagabend, die Team-Sitzung kann fast pünktlich um 17 Uhr beginnen, es fehlt nur noch Karin, die Spätdienst hat und darauf wartet, dass Nargess, ein fünfjähriges Mädchen, abgeholt wird. Wie so oft, kommt ihre Mutter auch heute wieder verspätet. Sie ist Psychotherapeutin von Beruf und nimmt, da sie allein erziehend ist und jeden Cent braucht, bis um 16.30 Uhr Patienten an, wodurch sie es – je nach Berufsverkehr – nicht immer pünktlich zum Abholen ihrer Kleinen schafft. Nargess und ihre Mutter sind beim gesamten Kita-Team sehr beliebt, beide sind höflich, freundlich und zuvorkommend zu den Kolleginnen der Kita, manchmal bringen sie der Spätdienst-

kollegin eine Blume oder einen Kuchen mit als Entschuldigung für die Verspätungen und als Dankeschön für das Warten und die liebevolle Zuwendung für Nargess, der es oft peinlich ist, wenn sie das letzte Kind in der Kita ist. Trotzdem lesen ihr die Erzieherinnen oft noch ein Bilderbuch extra vor und sie kann diese Zuwendung genießen.

Die beiden Spätdienstkolleginnen sprechen sich dann jeweils ab, wer länger bleibt mit Nargess. Die betreffende Kollegin darf sich die überfällige Zeit dann als Arbeitszeit notieren, und seit die Leiterin mit Nargess' Mutter einmal ausführlicher über die Verspätungen gesprochen hat, ist es auch viel besser geworden. Die beste Freundin des Mädchens wohnt gleich neben der Kita, und wenn absehbar ist, dass die Mutter es nicht pünktlich schaffen wird, ruft sie von unterwegs bei den Eltern der besten Freundin an und diese holen Nargess von der Kita ab. Als Karin endlich ins Team-Zimmer kommt, hebt Corinna, die Leiterin, fragend die Augenbrauen. Karin seufzt und sagt: „Nargess …". Mehr braucht es nicht an Worten, damit alle im Team Bescheid wissen. Trotzdem entsteht keine gereizte Stimmung.

Die Problematik des Zu-spät-Kommens kennt jede Kita, bei einigen hält es sich in Grenzen, bei anderen ist es eine regelrechte Plage. Gemeinsam aber ist der Trend, dass es vielen Eltern mittlerweile weder besonders peinlich ist, wenn sie ihr Kind verspätet abholen, noch dass Entschuldigungen oder gar ein Dankeschön an die Erzieherin erfolgen. Deswegen freut sich das Kita-Team im Beispiel über Nargess und ihre Mutter, die durch ihre freundlichen Umgangsformen positiv auffallen. Nargess' Mutter zeigt sich aufgeschlossen für Tipps, sie ist bemüht, nach Verbesserungen zu suchen, sie sieht die Leistungen des Teams und beweist durch Gesten ihr Bedauern, wenn es mal wieder nicht ganz geklappt hat. So wie die Erzieherinnen den Kindern nicht wirklich böse sein können, gelingt es ihnen auch bei dieser Mutter nicht.

Falls Eltern eines Kita-Kindes diese Zeilen lesen: Es ist so einfach, mit dem Team einer Kita gut klar zu kommen. Ein freundlicher Umgangston, höfliches Nachfragen bei Unklarheiten, Elternbriefe sorgfältig lesen und ab und an eine kleine Geste der Aufmerksamkeit erleichtern es Ihnen und den Erzieherinnen – vor allem aber Ihrem Kind – einen offenen und fröhlichen Umgang miteinander zu pflegen.

Gestiegenen Ansprüchen als Team begegnen

In vielen Kitas kommt es regelmäßig zu Missverständnisse zwischen Elternschaft und Kita-Teams oder zu (Macht-)Kämpfen, bei denen versucht wird, die eigenen Vorstellungen durchzusetzen. Wie selbstverständlich wird seitens der Eltern und auch Träger davon ausgegangen, dass Erzieherinnen über ihre eigene Leidensgrenze hinaus ihr Bestes geben, jede zusätzliche Aufgabe erfüllen, zur Not eben auch krank erscheinen, damit die Vorschule nicht ausfallen muss. Was können Erzieherinnen bezüglich gestiegener Ansprüche und Erwartungen bewirken? Bei Eltern: nichts. Bei Trägern: nichts. So simpel ist das. Wir können andere Menschen oder gar Institutionen nicht verändern, jedenfalls nicht, ohne darüber zu verzweifeln. Aber wir können uns verändern. Jede einzelne Erzieherin trägt die Kraft dazu in sich und kann lernen, neue Dinge auszuprobieren. Die meisten Erzieherinnen sind extrem belastbar, erfreuen sich an kleinen Dingen und sind sehr kreativ. Warum also sollte es einem solch begabten Berufsstand nicht gelingen, für sich selbst Positives zu kreieren, anstatt sich an geringschätzenden Eltern und überfordernden Trägern abzuarbeiten?

Am besten gelingt das in der Gemeinschaft eines Teams. Ein Team ist wie eine Kette, die aus vielen Kettengliedern besteht. Nur mit einem funktionierenden Verschluss kann sie am Hals getragen werden. Die Leiterin ist im besten Falle der funktionierende Verschluss. Sie hält die Kette zusammen, sie stellt ihre Talente und ihre Position zur Verfügung, um das Team zusammenzuführen und -zuhalten. Jedes einzelne Kettenglied ist wichtig und zählt gleich viel.

Beispiel: Ein Team von Expertinnen

In der Team-Sitzung sitzen alle beieinander, Corinna übernimmt als Leiterin die Moderation der Tagesordnungspunkte (TOPs), die auf dem Flipchart stehen. Hier können die Kolleginnen von Woche zu Woche Punkte sammeln, über die sie gerne in der Team-Sitzung sprechen möchten. Corinna ergänzt die Punkt und bringt sie in eine Reihenfolge, zudem behält sie die Zeit im Auge, damit man sich nicht verzettelt und alle Punkte besprochen werden können. Der Team-Raum ist alles andere als ideal, denn er dient gleichzeitig als Ablageraum für Garderobe und es sind dort die Team-Fächer und zahlrei-

che Ordner mit Beobachtungsbögen und Vordrucken für Formulare unterge-
bracht. Zudem finden hier Elterngespräche statt und die Besprechungen mit
Logopäden, Jugendamt, Integrationskräften oder Therapeuten. Die Kollegin-
nen sitzen hier in einem Stuhlkreis, da für Tische kein Platz vorhanden ist.
Sie machen einmal mehr aus schlechten Rahmenbedingungen das Beste.

Alle konzentrieren sich, die Gesprächskultur stimmt: Man lässt sich ausre-
den, Für und Wider werden ausgetauscht und Entscheidungen per Mehrheits-
beschluss getroffen. Geht es um Punkte wie Laternenfest, Betriebsausflug,
Sommerfest, Gottesdienstgestaltung, Kochgruppe oder Vorschularbeit, so
werden Kommissionen gebildet. Eine oder mehrere Erzieherinnen zeigen sich
verantwortlich für die Organisation des Arbeitsfeldes und übernehmen in Ei-
genregie Terminfindung, Ausstattung und Gestaltung der Aufgabe. Dabei
genießen sie einen Freibrief: Die Arbeitsgruppe trägt die Verantwortung, das
Team trägt die Verantwortung mit und beugt sich der Ausgestaltung der Ar-
beitsgruppe – denn das Team setzt sich zusammen aus einer Vielzahl an Ex-
pertinnen.

Tipp: Um eine solche Sichtweise zu entwickeln, ist es zunächst wichtig,
die einzelnen Stärken und Neigungen (müssen nicht zwingend gleichzeitig auftreten!) der Team-Mitglieder offenzulegen. Zumeist ist es in den
Teams bekannt, wenn jemand etwas besonders gut kann oder gerne macht.
Doch es kann auch zu einer wichtigen Aufgabe der Leiterin werden, Kolleginnen zu ermuntern, ihre bevorzugten Tätigkeiten gegenüber den anderen zu verbalisieren oder verborgene Talente ans Tageslicht zu zaubern.
Dies tut sie am besten durch die Führung von Einzelgesprächen und durch
eine vorbildhafte Haltung, indem sie selbst ihre Stärken *und* Schwächen
offen darlegt.

Beispiel: Sommerfest der Stärken

Nehmen wir besagtes Team und beschreiben kurz deren Expertenfunkti-
on, um dann zu schauen, wie sie ihre jeweiligen Stärken/Neigungen bei
der Gestaltung eines Sommerfestes am besten einbringen können:

- Corinna: Organisation, Koordination, Überblick behalten, PowerPoint-
  Präsentationen
- Karin: Musik, Musik, Musik

- Monika: schrauben, bohren, hämmern, sägen, gärtnern
- Ute: backen, Sport, schminken, malen
- Hanne: wirkt gerne im Hintergrund, sehr zuverlässig, bleibt stets freundlich
- David und Daniela: Sport, belastbar, Computerfreaks
- Janna: Tierexpertin, Krippenexpertin
- Viviane: tanzen.

Karin ist Musikerin durch und durch, sie singt, spielt Instrumente und bietet in der Kita Musikangebote für alle Kinder an. Für das Fest spricht sie Eltern an, die Instrumente beherrschen, sie beauftragt Kolleginnen, in ihren Gruppen nach musikbegeisterten Kindern Ausschau zu halten und sie ihr zu melden. Karin spricht Viviane an, von der sie seit dem letzten Betriebsausflug weiß, wie gerne und toll sie tanzt. Karin und Viviane beschließen, gemeinsam mit einer türkischen Mutter einen Kinderbauchtanz einzustudieren. Letztlich kommt ihnen dann noch die Idee, die beiden türkischen Kita-Köchinnen zu fragen, ob sie vielleicht das Buffet organisieren möchten. Karin und Viviane besprechen sich mit Corinna und erstellen einen Ablaufplan. Dieser wird in einer Team-Sitzung diskutiert, ergänzt und konkretisiert:

- *10 Uhr Gottesdienst (Karin und Viviane): Pfarrer weiß Bescheid über Ablauf, Ablaufplan liegt ausgedruckt vor, Lieder werden in den kommenden zwei Wochen jeweils von 10 bis 11 Uhr von Gruppe zu Gruppe mit Karin eingeübt, Mama X und Papa Y spielen bei Generalprobe und Gottesdienst Saxophon und Gitarre dazu. Abschluss ist ein Tanz der Kinder in orientalischen Gewändern; den Tanz üben Viviane und Mutter Z mit den Kindern ein, Mütter C und G nähen die Kostüme.*
- *11 Uhr: Corinna, David und Daniela eröffnen das Fest mit einer 20-minütigen PowerPoint-Präsentation, in der viele Fotos der Kinder und der Umgebung gezeigt werden unter dem Motto „Die Kinder und ihre Stadt". Das Ganze ist mit aktueller Popmusik untermalt.*
- *11:30 Uhr: Die Kinder führen nochmals ihre Lieder und Tänze vor.*
- *12:00 Uhr: Die beiden Köchinnen haben in Eigenregie mit Müttern ein Buffet gezaubert. Alle Speisen und Getränke kosten 1 Euro. Auf Hinweisschildern können die Festgäste lesen, dass der Festerlös von den Kindern dem örtlichen Tierheim übergeben werden wird (ein konkretes Vorhaben erzielt deutlich höhere Einnahmen!).*

- **13:00 bis 17:30 Uhr:**
  - Eine Tombola wurde organisiert (Hanne, Janna, Ute, David, Monika); Hanne übernimmt die Preisauszeichnung, den Losverkauf übernehmen ältere Geschwisterkinder gegen fünf Freilose und Hanne gibt mit zwei Vätern die Preise aus.
  - Monika hat Baumstümpfe besorgt und lange Nägel; Kinder und Eltern dürfen Nägel einhauen, ist ein Nagel ganz im Baum, gibt es ein Freilos zur Tombola (Startgeld 50 Cent) pro Nagel; zudem hat Monika mit den Kindern Kresse gezüchtet, die nun für 50 Cent das Töpfchen verkauft wird.
  - Abwechselnd übernehmen Daniela und David die Aufsicht beim Sportparcours, den sie selbst aus einfachsten Mitteln zusammengestellt haben: Klettern an einer Strickleiter auf einen Baum, Eierlauf um den Sandkasten, eine Minute hüpfen in einem Reifen, einen Autoreifen zehn Meter weit rollen oder tragen und zehn Hampelmänner machen.
  - Ute hat mit den Kindern Sommerfestkekse mit Sommermotiven (Ausstecher in Palmen- und Delphinform) gebacken, diese verkauft sie mit Janna aus einem Korb heraus gegen eine Spende.
  - Janna hat von zu Hause zwei ihrer Kaninchen mitgebracht und ihnen im Vorfeld mit Monika und zwei Kindern ein Freigehege etwas abseits des Trubels errichtet; einzelne Kinder dürfen die Tiere streicheln und sich mit ihnen fotografieren lassen.
  - David, der technisch bestens ausgerüstet ist, begleitet das ganze Fest mit seinem Fotoapparat, auch bei den Kaninchen übernimmt er das Fotografieren.
  - Als die Kekse verkauft sind, bietet Ute gemeinsam mit einer talentierten Mutter Kinderschminken an. Damit alle Kinder drankommen, werden „nur" Glitzerregenbogen geschminkt.
- **Um 17 Uhr** „kämpfen" Erzieherinnen und Elternbeirat beim Tauziehen gegeneinander und danach bedankt sich Corinna bei allen Akteurinnen namentlich mit einer Rose für die Organisation ihres Arbeitsbereiches; als besondere Überraschung hat sie noch einen befreundeten Musiker gewinnen können, der nun zum Abschluss mit seinem E-Piano ein paar Lieder singt, die alle kennen und mitsingen können. Zudem hat sie den Elternbeirat überzeugen können, wie toll es wäre, das abendliche Auf-

räumen zu übernehmen, sodass sie und ihr Team direkt nach dem letzten Song ins Team-Zimmer verschwinden können, um nach einer kurzen Reflexion des Festes nach Hause zu gehen.

Ein gutes Team – auch im Kita-Alltag

Was bei einem Sommerfest klappt, das kann auch im Kita-Alltag funktionieren. Im Erzieherinnendasein gibt es Bereiche, die den meisten wenig oder gar keine Freude bereiten: Gruppenraum ausfegen, Geschirr wegräumen, spülen, Müll entsorgen, Kindergarderoben aufräumen und eingekotete Kinderunterhosen in Plastikbeutel packen. Erzieherinnen helfen zigmal in Matschhosen, Schuhe, Jacken, Schals, sie wischen unzählige Rotznasen, übernehmen Türöffnerdienste für Eltern, Lieferanten, Handwerker oder Besucher. Erzieherinnen werden von Eltern für fehlende Hausschuhe, nicht aufgegessene Frühstücksbrote, Übermüdung oder Kratzer des Kindes verantwortlich gemacht. Was Eltern bei einen Kind nicht gelingt, soll einer Erzieherin bei 20 oder mehr Kindern durchaus gelingen? Welch ein Segen, wenn eine Erzieherin sich dann in ihrem Team gut aufgehoben fühlt und willkommen ist, so wie sie ist:

- Mit einer tollen Singstimme, aber eben immer den Müll vergessend
- Mit tollen Backkünsten und Spaß mit den Kindern, auch wenn die Küche anschließend aussieht, als hätte eine Bombe eingeschlagen
- Mit großem Geschick beim Fußballspielen, aber ohne jegliches Feingefühl bei Elternbeschwerden
- Mit stoischer Freundlichkeit bei 40 Telefonanrufen täglich, dafür aber ohne Geduld beim Warten auf Handwerker
- Total zuverlässig, aber ohne jegliche Flexibilität, wenn es ums Diensttauschen geht
- Mit ganz viel Humor und ansteckend guter Laune, dafür aber ohne jeden Ernst, wenn es um Ärger mit einer Kollegin geht

- Mit riesigem Interesse daran, wie es den Kolleginnen geht, aber nicht in der Lage, auch nur eine Laterne richtig zu basteln
- Eine Koryphäe in Gesprächsführung, aber nicht in der Lage, auch mal Nein sagen und sich abgrenzen zu können.

Wie sollen Erzieherinnen alle Kinder in ihrer Gruppe mit ihren individuellen Eigenarten annehmen können, wenn sie sich selbst nicht angenommen fühlen? Fangen Sie bei sich und bei Ihrem Team an. Da lohnt sich jede Investition. Lenken Sie den Blick auf das Positive und schreiben Sie unter Ihr ganz persönliches Diktat nicht: fünf Wörter falsch, sondern 95 Wörter richtig! Immerhin gibt es kein Gesetz, das Spaß und Freude an und bei der Arbeit verbietet. Es gibt keine Erzieherin, der gar nichts Freude bereitet. Und je mehr sie Tätigkeiten nachgehen darf, die ihr gefallen, desto mehr Spaß wird sie an ihrem Beruf haben.

Die Atmosphäre einer Einrichtung bestimmt das Team, das in ihr arbeitet, also die erwachsenen Menschen, die täglich viele Stunden Zeit miteinander verbringen. Besonders bei Teams ab etwa acht Mitgliedern ist die Gefahr groß, dass sich Grüppchen bilden, die aus unterschiedlichen Gründen unter sich bleiben. Eine Leiterin hat es dann nicht leicht, aus allen Untergruppen *ein* Team zu formen. Oftmals spielen das Alter der Kolleginnen, die Berufserfahrung und die Zugehörigkeitsdauer zur Kita eine Rolle, wer mit wem besser klar kommt. Spätestens wenn es zu einem Problem kommt, wie einer spontanen Elternbeschwerde, zeigt sich das Klima einer Kita: Wird die angesprochene Kollegin alleine gelassen oder kommt ihr eine Kollegin zu Hilfe, wird im Anschluss an die Beschwerde offen darüber gesprochen oder geht man sich aus dem Weg, gibt es Schuldzuweisungen, Schadenfreude, Angst vor Zurechtweisung, Angst vor Konsequenzen oder vor der Reaktion der Leiterin?

Das Team ist das Herz einer Kita – und ein Herz will gepflegt werden.

1.4 Darf's ein bisschen weniger sein? – Vom Umgang mit überzogenen Anforderungen

All die gut gemeinten Dinge wie Stressbewältigungskurse, Rückenschule, Fortbildungen oder Konzeptionstage sind nur ein Tropfen auf den heißen Stein, denn sie ändern nichts an der Tatsache, dass zehn Krippenkinder in einer Gruppe ebenso zu viel sind wie 20 oder mehr Kinder in einer Kindergartengruppe oder bis zu 30 Kinder in einer Grundschulklasse. Da gibt es nichts, aber auch gar nichts dran zu rütteln. Fragt man Erzieherinnen, ob es ihnen lieber sei, noch eine oder sogar zwei weitere Kolleginnen in ihre Gruppe zu bekommen oder bei gleichem Personalschlüssel die Kinderzahl zu reduzieren – keine Frage, wie die Antwort quer durch die Republik ausfallen würde!

Auch die Menschen, die für die Rahmenbedingungen verantwortlich sind, unter denen Bildung, Erziehung und Betreuung stattfinden sollen, sind nur Menschen und nicht perfekt. Wahrscheinlich sind die Vertreter aus Bundes-, Landes- und Kommunalpolitik, Kirchen und Verbänden selbst in ihren eigenen Strukturen gefangen. Aber es werden nun einmal Gesetze beschlossen und Anforderungen an das Fachpersonal formuliert, die umgesetzt werden sollen. Und da bei der Gestaltung der Rahmenbedingungen vor allem wirtschaftliche Aspekte zählen, wird der Druck einfach durch die Instanzen nach unten durchgereicht.

Die ausführende Instanz der Erzieherinnen sieht sich diesen (nicht erreichbaren) Leistungsanforderungen seitens der Politik, der Gesellschaft, der Träger, der Eltern und der Institutionen gegenüber und versucht, das Beste aus den Gegebenheiten herauszuholen. Dabei ist es erstaunlich, mit wie viel Kreativität und Beharrlichkeit Kita-Teams immer wieder Neuerungen ausprobieren, um Verbesserungen in ihrer Arbeit zu erzielen. Wenn es um die Kinder geht und deren Wohlergehen, wachsen Erzieherinnen über sich hinaus. Sie nehmen krankmachende Belastungen auf sich, sie schonen sich selbst am wenigsten im tagtäglichen Kita-Wahnsinn. Sie lassen Pausen ausfallen und versuchen, den Massen an Kindern doch noch ein wenig an individueller Zuwendung zukommen zu lassen. Zu gerne würden sie zwei Kindern in Ruhe Bilderbücher vorlesen oder mit dem kleinen Dustin, der um seine verstorbene Katze trauert, ein wenig mehr Zeit alleine verbringen.

Eines muss klar sein: Die Arbeit als Erzieherin in einer ganz normalen Kita bedeutet, den ganz normalen Massenwahnsinn mitzumachen!

Die Blicke der Kolleginnen sind gehetzt, nur Praktikantinnen kommen in den Genuss, mal mit einzelnen Kindern intensiv zu spielen, da von ihnen nicht erwartet werden kann, die Gesamtgruppe im Blick zu haben. Und selbst da sollte die Erzieherin auch noch das Verhalten der Praktikantin im Auge behalten und diese anleiten. Anleitungsgespräche legt sich die Erzieherin dann auch in die Zeit nach oder vor ihrem Dienst, genau wie die Termine für Entwicklungs- und Beratungsgespräche mit den Eltern oder für den Austausch mit ihren Kolleginnen. In hauswirtschaftliche Tätigkeiten kann man wunderbar „Kinder mit einbinden". Statt also im Frühdienst mit den ersten Kindern in Ruhe den Tag zu beginnen, dürfen die Kleinen – damit sie nicht alleine sind – das Geschirr mit in die Gruppen tragen, die Räume lüften, der Erzieherin bei der Annahme von ersten Telefonanrufen zuhören oder Stühle herunterstellen – wirklich, es gibt kaum eine duldsamere, bescheidenere und intrinsisch motiviertere Berufsgruppe als die der Erzieherinnen!

Wohin mit dem Druck?

Erzieherinnen versuchen über ihre Grenzen hinaus, trotz der Arbeitsbedingungen für die Kinder das Beste zu machen. Sie haben Kinder einfach gern und stellen deren Wohlergehen über ihr eigenes Wohl. Ohne großartig dafür honoriert zu werden, sind sie ganzen Generationen von Kindern liebevolle, mitfühlende und zugewandte Begleiterinnen. Sie wickeln, füttern, trösten, reden, lesen vor, kneten und basteln, lachen und streiten mit den Kindern.

Sie schauen noch Jahre später verzückt auf Fotos von Kindern, die sie besonders gerne gehabt haben, oder lachen mit ihren Kolleginnen über immer wieder neue lustige Kinderaussagen wie diese: An der Gruppentür hängt ein Foto der neuen Integrationskraft, die sich dort den Eltern mit ein paar Zeilen vorstellt. Die Mutter von Frida betrachtet das Bild und sagt: „Oh, habt ihr eine neue Erzieherin?" Darauf Frida: „Ne, Mama, das ist doch die neue Dekorationskraft!" Die Kinder, ihre Aussprüche und ihre Sicht auf die Welt sind es, die Erzieherinnen bei der Stange halten.

Es ist immens anstrengend, den Druck, der von allen Seiten auf Erzieherinnen ausgeübt wird, nicht an die nächsttiefere Instanz – sprich die Familien und Kinder in einer Kita – weiterzugeben. Der Druck wird von Erzieherinnen abgefedert, sie belassen ihn bei sich. Zum einen sind sie zur Freundlichkeit und Höflichkeit verpflichtet, auch wenn Eltern sich ihnen gegenüber unverschämt verhalten oder Kinder sie mit ihrem Verhalten an den Rand der Belastbarkeit treiben. Zum anderen – und das ist der gewichtigere Grund – möchten sie die Kinder schonen. Erzieherinnen möchten Kindern eine Kita-Welt aufzeigen, die größtenteils anders ist als die Welt außerhalb der Kita. Und das ist extrem anstrengend!

Beispiel: Unberechtigte Kritik

Mutter X sagt am Morgen zu Uschi aus der Giraffengruppe: „Wissen Sie, es bin nicht nur ich, die findet, dass in der Giraffengruppe viel zu wenig mit den Kindern gemacht wird. Und andere Mütter haben auch schon gesagt, dass hier viel zu wenig nach den Kindern geschaut wird und deshalb die Frühstücksboxen am Nachmittag noch voll sind." – Und das morgens im Türrahmen und um kurz vor 9 Uhr, am Ende der Bringzeit also, der Flur voller Eltern und Kinder. Uschi reagiert einfach nur sprachlos, nimmt Tochter Lena entgegen und verschwindet mit hängenden Schultern und den Worten „So, wir machen jetzt unseren Morgenkreis" im Gruppenraum. Im Kreis setzt sich Lena gleich neben Uschi und legt – wie zum Trost – ihre Hand auf Uschis Bein. Ihre Kollegin Birgit sieht sie mitfühlend an; in einer ruhigen Minute werden sie über den Vorfall sprechen und sie wird Uschi sagen, wie ungerechtfertig und – vor allem in der Bringzeit vor Eltern und Kindern – unangebracht das Verhalten der Mutter war.

Dies ist eine von vielen typischen Szenen, denen Erzieherinnen ausgesetzt sind, und es ist klar, dass Uschi mit all ihrer Fachkompetenz das eigene Befinden hintenanstellt und den morgendlichen Kreis routiniert durchführen wird. Häufig sind es die Kinder, die bemüht sind, ihren Erzieherinnen, die sie sehr mögen, Trost zu spenden. Das sollte Eltern eigentlich zu denken geben. Dass quasi ihre Kinder stellvertretend „Entschuldigung" zu ihrer Erzieherin sagen, wenn eine Mutter oder ein Vater – häufig aus einer schlechten Laune heraus – einer Erzieherin Vorwürfe macht oder sie angreift.

Eine starke Erzieherin lässt ungerechtfertigte Kritik nicht an ihr professionelles Selbst heran und kann diesen Vorfall unter „betrifft mich nicht" abhaken. Schön ist eine solche Situation trotzdem nicht, und so manche Kollegin ist tief betroffen und verletzt – zumal, wenn sie sich überhaupt nichts vorzuwerfen hat. Die Mutter bei einem Termin zur Rede zu stellen, sich ihr erklären zu wollen oder sich zu rechtfertigen, wie gut man seine Arbeit macht, kann ein Weg zu einer besseren Verständigung sein. Nur: Dieser Weg kostet Zeit, Kraft und macht zusätzliche Mühe zu all der vielen Arbeit, die eine Erzieherin sowieso schon hat.

- Darf es sein, dass eine Erzieherin sich über unqualifizierte Äußerungen oder ungerechtfertigte Vorwürfe *nicht* ärgert?
- Darf sich eine Erzieherin die Freiheit nehmen, solche Vorkommnisse an sich abprallen zu lassen?
- Dürfen Erzieherinnen sich Eltern gegenüber distanzieren?

Mal ehrlich, wenn in Bildungsplänen von Erziehungspartnerschaft mit Eltern oder von der Kooperation mit Grundschulen die Rede ist, dann wird doch immer davon ausgegangen, dass das Gegenüber ebenso interessiert, wohlwollend und freundlich ist wie die Erzieherinnen, oder?

Die eigenen Grenzen respektieren

Erzieherinnen leisten oft zu viel und drehen trotzdem weiter ihre Runden im Hamsterrad der Unmöglichkeiten! Mit zu vielen Kindern in einer Gruppe und Öffnungszeiten, die einen Schichtbetrieb erfordern, *kann* keine Erzieherin der Welt so arbeiten, dass alle Ansprüche erfüllt werden können: Beobachten; dokumentieren; begrüßen; Eltern, Kindern, Kolleginnen Aufmerksamkeit schenken; Gespräche führen und protokollieren; an Fortbildungen teilnehmen, darüber berichten und Inhalte in die Praxis umsetzen; Elternabende gestalten; Praktikantinnen anleiten; Telefonate beantworten; Arbeitsgruppen; Vorschule; Turnen; Projekte; Ausflüge; gemeinsames Frühstück; Musikkreis; Gottesdienste; Mitarbeit in Gremien; Feste; Geburtstagsfeiern; Nikolaussocken füllen; Adventskalender gestalten; Osternester; Muttertag; Laternen basteln; neue Kinder (und Eltern) eingewöhnen; Schulkinder verabschieden; Jahresplanung; Team-Sitzungen am Abend; Gruppenraum sauber halten; sich um Geschirr, Müll, Garten, Reparaturen kümmern; Eltern um Mithilfe bei Festen, Reparaturen, Ausflügen, Frühstück etc. bitten; unzählige Absprachen mit Kolleginnen treffen; zig Elterninfos speichern und weitergeben; die Arbeit von erkrankten Kolleginnen mitmachen; in andere Dienste springen und so weiter und so weiter und so weiter – noch Fragen?

Es ist an der Zeit, liebe Erzieherinnen, weniger zu machen für andere und mehr zu machen für euch selbst und eure Teams! Erkennen und respektieren Sie Ihre Grenzen! Leisten Sie nur so viel, dass Ihnen ausreichend Energie bleibt für Ihre Freizeit, für Ihre Familie, für Ihre Beziehung und für Ihre eigene Gesundheit! Ich als Erzieherin muss „Halt!" sagen und im allerbesten Fall kann ich das als Team tun. Wenn die Erzieherinnen es nicht wagen, weniger zu tun, werden sie vergeblich darauf warten, dass ein anderer sie dazu ermuntert. So einfach ist das. Und das muss nicht zwingend ein lautes „Stopp" sein, das zu Auseinandersetzungen mit den Eltern und dem Träger führt oder drastische Veränderungen nach sich zieht. Dafür muss keine Erzieherin streiken, sich politisch, gewerkschaftlich oder sich zusätzlich engagieren. Nein, es darf einfach ein bisschen weniger sein!

Beispiel: Millionengewinn gefällig?

Die Leiterin einer ganz normalen Kita stellte dem Team am Planungstag die Frage, was jede einzelne Kollegin machen würde, hätte sie eine Million Euro im Lotto gewonnen und der Verwendungszweck sei für ihre Kita bestimmt. Jede Kollegin erhielt ausreichend Zeit, sich darüber Gedanken zu machen, und die Ergebnisse wurden dann im Plenum vorgestellt. Unter Gelächter, Jubel oder leichter Scham wurden die Wünsche und Sehnsüchte des Teams deutlich:

- *Eine Turn- und eine Schwimmhalle bauen*
- *Die Kita kaufen und in Privatbesitz des Teams übergehen lassen; wir sind keinem mehr Rechenschaft schuldig und arbeiten so, wie wir es für richtig halten*
- *Eine Rezeptionistin für den Eingangsbereich einstellen, die Infos aufnimmt, das Telefon bedient, die Tür und Sicherheit im Auge hat und den Publikumsverkehr managt*
- *Einen Wellnessbereich für die Kinder und das Team mit Whirlpool und Masseur einrichten*
- *Jedes Jahr einen einwöchigen Urlaub im Süden für das Team in einer großen Privatvilla mit einem Coach zwecks Team-Pflege finanzieren*
- *Bio-Lebensmittel einkaufen und eine Küche mit Glasfronten bauen, damit die Kinder beim Kochen zuschauen können*
- *Einen Sportlehrer und Entspannungspädagogen für die Kinder einstellen*
- *Einen großen Personalraum für das Team einrichten, mit ausreichend Platz, einer gemütlichen Sitzecke, zwei Computern und einer toller Kaffeemaschine*
- *Ein Elterncafe im Eingangsbereich aufbauen, mit schönen Sitzmöglichkeiten, Kaffeemaschine, zentraler Litfasssäule für Infos.*

Erst wenn Erzieherinnen zu träumen wagen, wird erkennbar, wonach sie sich tief in ihrem Inneren sehnen. Immerhin haben sie Träume. Doch kaum eine glaubt an deren Verwirklichung. Welche Träume oder Wünsche fallen Ihnen beim Lesen ein? Ist wirklich nichts dabei, das für die Realität taugt? Sind Erzieherinnen machtlos, was die Gestaltung ihres Arbeitsplatzes angeht? Nein! Weniger ist mehr – das wäre bereits ein guter Anfang. Dinge, die nicht unbedingt sein müssen, einfach lassen oder ändern: Sie müssen nicht Eltern hinterherlaufen, damit sie doch etwas für das gemeinsame Frühstück mitbringen oder Ausflüge mit allen 20 Kindern unternehmen, anstatt zweimal den gleichen Ausflug jeweils mit zehn Kindern zu machen.

Tipp: Nehmen Sie sich eine Team-Sitzung lang Zeit, Ideen zu sammeln, was Sie alles weglassen oder verändern können, um ein bisschen weniger zu machen. Sie werden staunen, wie entlastend und wohltuend das ist – und wie viel gestalterischen Spielraum Sie für sich entdecken werden. Nur Mut!

Mut zu mehr Selbstbestimmung – die Pippi Langstrumpf in dir

Was kann einer Erzieherin oder einem Team schlimmstenfalls passieren, wenn sie weniger Stress und Überforderung in ihrem Job zulassen? Nur bei einem abmahnungswürdigen Vergehen oder wenn die pädagogische Arbeit unterlassen würde, könnte dies arbeitsrechtliche Konsequenzen nach sich ziehen – aber dafür müssten sich Erzieherinnen schon besonders ungeschickt und undiplomatisch anstellen. Und wenn Erzieherinnen zwei Eigenschaften nicht entbehren, dann sicher Geschick und Diplomatie, oder? Also, Mut zum Ungehorsam und mit wehenden Fahnen hin zu der Frage, was wohl eine Pippi Langstrumpf machen würde, wenn sie Erzieherinnen beraten dürfte.

Sie würde wohl sagen: „Gestaltet euch die Welt, wie sie *Euch* gefällt". Wäre es nicht herrlich, statt sich durch Regeln und Grenzen, durch Kontrolle und Vorgesetzte fremdbestimmt zu fühlen und vorhersehbar zu leben, ein anderes, ein wagemutiges und spannendes Leben zu führen, das man sich selbst aussucht und ausgestaltet? Wäre nicht jeder gerne Kapitän des eigenen Lebensschiffes und hätte eine Besatzung, die dem eigenen Kommando unterstünde?

Nehmen wir mal an, die Kita wäre ein solches Schiff, die Leiterin die Kapitänin und das Team wäre die Besatzung? Und nehmen wir weiter an, die Kapitänin wäre eine egozentrische, übellaunige, gestresste und frustrierte Anführerin ohne die Fähigkeit, ihre Besatzung für sich zu gewinnen, sie mitzureißen oder zu motivieren für neue Ausfahrten? Wie geht das Team mit einer solchen Chefin um?

In der Regel unterwirft sich ein Team den Gegebenheiten, die Position der Leiterin steht nicht zur Debatte. Sie wurde vom Träger eingesetzt und gehört zur Kita wie die Räumlichkeiten. Eine schlechte Leiterin kann eine Einrichtung jahrelang schlecht führen, ohne dass dies für sie unangenehme Konsequenzen hätte. Das ist leider eine Tatsache. Da eine schlechte Leiterin ihrem Team nicht vertraut, wird sie viele Aufgaben, die ihr wichtig erscheinen oder/und dem Träger wichtig sind, selbst erfüllen wollen. Wichtige Angelegenheiten kann sie nicht delegieren. Sie steckt selbst in einem Strudel aus Machtanspruch, Überforderung und Druck fest. Sie lässt häufig zynische Bemerkungen fallen, kritisiert rasch und tut sich unendlich schwer, jemanden zu loben. Die Kolleginnen nehmen es mit einem bedauernden Schulterzucken hin, sie haben bisher auch noch keine Alternative im Berufsleben erfahren.

Hey, was sagt die Pippi Langstrumpf in Ihnen? Was würde Pippi machen mit einer solchen Kapitänin auf der Hoppetosse, dem Segelschiff ihres Vaters? Ganz einfach: Erst einmal würde Pippi mit der schlechten Kapitänin reden, um ihr die Chance zur Besserung zu geben. Aber wenn die Kapitänin keine Veranlassung sähe, sich und ihr Verhalten zu verändern – „Dann ab mit ihr auf eine einsame Insel, Hauptsache runter vom Schiff! Spaßbremsen brauchen wir nicht an Bord", würde Pippi sagen.

So einfach geht es natürlich nicht, eine unbeliebte Chefin vom Kita-Schiff zu verbannen. Da hilft vielleicht die Frage nach den Gründen für ein solches Verhalten. Denn egal, ob es die Chefin ist oder die Kollegin, die scheinbar unmotiviert und destruktiv durch die Kita schleicht oder hetzt – zumeist drückt sich durch ein solches Verhalten Unwohlsein aus. Sehr oft ist Überforderung der Grund für den Berufsfrust. Und viele fügen sich in diese Überforderung: Sie jammern und motzen, sie werden krank oder sie verlassen dieses Arbeitsfeld. Es gibt Erzieherinnen, die sind derart ausgebrannt, dass sie nie wieder in der Lage sind, in ihrem erlernten Beruf zu arbeiten.

Erzieherinnen und Leiterinnen: Ihr wollt mit Kindern, ihr wollt mit Menschen umgehen! Ihr seid kommunikativ, mitfühlend, kreativ, genügsam, seid am Anfang voller Pläne und Ideale, hört nie auf Kinder zu mögen, ihr seid alle mal lachend mit Kindern über Wiesen gerannt, habt Verstecken gespielt oder habt Seminare besucht, um gut mit Mitarbeiterinnen umgehen zu können? Und das soll es dann gewesen sein? Nehmt es in die Hand, euer Berufsleben umzukrempeln. Schaut hin und nicht weg. Was stört mich? Was wünsche ich mir? Wofür will ich mehr Zeit haben, weil es mir Freude bereitet? Ist es Backen oder Turnen, ist es Musik zu machen, Bilderbücher vorzulesen oder in anderen Kitas zu hospitieren, oder sind es Ausflüge in den Wald? Trau dich, Erzieherin. Trau dich, Erzieherinnen-

Team. Trau dich, Kita-Leiterin. Weckt die Pippi Langstrumpf in euch und macht euch die Welt, wie sie *euch* gefällt!

Danke, ich lasse es mir gut gehen

Bei Rückenschmerzen geht man zum Orthopäden und lässt sich einrenken, bei Verspannungen gönnen wir uns eine Massage und bei Zahnschmerzen suchen wir den Zahnarzt auf. Doch was tun bei Berufsunlust?

Beispiel: Ich glaub', ich bin krank

Was gönnen wir uns bei Schmerzen in der Berufsseele? Was tun, wenn das morgendliche Aufstehen schwer fällt, weil man die Krise kriegt, wenn man an all die Anforderungen des Tages denkt? Und dass man nach dem Spätdienst erst um 18 Uhr daheim sein wird, völlig kaputt und ausgelaugt. Draußen ist es nasskalt und hier im Bett ist es wohlig warm und kuschelig.

Ein vorsichtiger Schritt aus dem Bett und fröstelnd ins Badezimmer, das kalt und ungemütlich ist. Ein Blick in den ehrlichen Spiegel sagt mir, dass ich gar nicht gut aussehe, geradezu krank sogar. Habe ich mich vielleicht von der Erkältungswelle in der Kita anstecken lassen? Zum ersten Mal an diesem Morgen lächle ich zaghaft. Ja, wenn ich es recht bedenke, habe ich gestern bereits ein paar Mal husten müssen und diesen Druck hinter den Augen gespürt. Beim Abholen des letzten Kindes (Nargess, wie immer ...) hatte ich meiner Kollegin Bianka sogar gesagt: „Du, Bianka, wenn ich's nicht besser wüsste, würde ich sagen, ich krieg' eine Erkältung." „Würde mich nicht wundern, Hilde, immerhin sind alle Kinder verschleimt und fiebrig", hat Bianka geantwortet. Na, dann werde ich wohl in der Kita anrufen müssen und mich krank melden, denke ich. Später dann zum Arzt, sicher schreibt er mich für den Rest der Woche krank. Ich habe ja auch schon lange nicht mehr gefehlt und zum Adventsgottesdienst hatte ich mich sogar mit Fieber hingeschleppt, weil ich für den anschließenden Imbiss verantwortlich war. Hat auch keiner mal Danke für gesagt.

Kommt dieses Szenario irgendjemand bekannt vor? Oft arbeiten Erzieherinnen so lange durch, bis es gar nicht mehr geht. Manchmal nehmen sie sich – wie viele andere Arbeitnehmer auch – eine kleine Auszeit als Prophylaxe oder Anerkennung für sich selbst. Und oft ist es so, dass die Intensität der Krankheitssymptome rasch abnimmt, wenn die Krankschreibung erfolgt ist. Man muss nicht zur Arbeit und schon entspannt sich der Gesundheitszustand – ein klares Indiz für Berufsfrust und eine Überforderungssituation. Hier fühlt sich jemand ganz und gar nicht wohl bei der Arbeit. Neben einer kritischen Selbstprüfung (Bin ich dort, wo ich arbeite, am richtigen Platz? Gibt es private Gründe, die dazu führen, dass ich für die Arbeit nicht die notwendige Energie aufbringen kann?) sollten auch Mitarbeiterinnen und Vorgesetzte die Krankenstände ihrer Kolleginnen im Auge behalten und Unterstützung anbieten sowie als Vorgesetzte Interesse am Wohlergehen der Mitarbeiterin zeigen.

Mitarbeiterinnenzentriert arbeiten

Regelmäßige Mitarbeiterinnengespräche (empfehlenswert sind zwei Gespräche von jeweils 60 Minuten pro Kalenderjahr) versetzen die Vorgesetzte in die Lage, ihre Mitarbeiterinnen soweit einschätzen zu können, dass sie um deren aktuelles Befinden weiß. Sollten über das Berufliche hinaus auch private Aspekte zur Sprache kommen – was bei Erzieherinnen häufig der Fall ist – ist Vertraulichkeit oberstes Gebot. Nichts schmerzt mehr als ein Vertrauensbruch. Genauso schlimm ist es, als Mitarbeiterin nicht gesehen zu werden oder das Gefühl zu haben, unwichtig zu sein.

Vorgesetzte, die den direkten Kontakt zu ihren Mitarbeiterinnen meiden, vergeben sich selbst eine großartige Chance der Zusammenarbeit: Wo steht die Mitarbeiterin gerade? Welche Ideen hat sie, wo sieht sie Erfolge in ihrer Arbeit? Hat sie Verbesserungsvorschläge? Möchte sie gerne eine Veränderung? Wo kann sie Hilfe gebrauchen? Ist sie zufrieden mit mir als Vorgesetzte? Träger und Leiterinnen lassen hier sehr viel Potenzial ungenutzt: Was kann in einer Kita anders gemacht werden? Wo können Erzieherinnen und Teams sich selbst etwas Gutes tun? Ein simpler Weg kann da sein, die betreffenden Personen selbst zu Wort kommen zu lassen, sie schlicht und einfach nach ihren Wünschen zu fragen und die Mitarbeiterinnen direkt in die Entscheidungen über ihr Wohlergehen einzubeziehen.

Wenn Erzieherinnen die ihnen anvertrauten Kinder in die Abläufe des Kita-Alltags involvieren sollen, wenn Kinder und ihre Erzieherinnen gemeinsam abstimmen, welche Themen gerade von Interesse sind und was gemacht werden soll, warum soll dies dann nicht auch zwischen der Leiterin und den ihr anvertrauten Mitarbeiterinnen stattfinden? Partizipation im Sinne von Mitbestimmung setzt voraus, dass die Meinung des Gegenübers von Bedeutung ist. Nun, liebe Erzieherin, liebe Leiterin, lieber Vorgesetzte, Pfarrer oder Bildungspolitiker: Ist Ihnen die Meinung der Menschen wichtig, die Ihnen anvertraut sind?

Wo steht geschrieben, dass Hierarchie nur in den oberen Positionen Spaß machen darf?

Beispiel: Theresa

Wenn ich nicht selbst damit anfange, meine Arbeit so zu gestalten, dass es mit gut geht, dann tut es niemand. Die Frau im folgenden Beispiel kann von sich sagen, ihr Job bereite ihr Freude und sie erfreue sich bester Gesundheit. Wie hat sie das geschafft? Sie hat sich selbst „rettende Inseln" geschaffen und freudige Erholungsmomente in ihrem sozialen Beruf. Sie heißt Theresa und arbeitet in einer Kita:

Theresa arbeitet mit der Kollegin ihrer Wahl in einer Gruppe, nachdem es mit zwei vorherigen Kolleginnen nicht gut geklappt hat. Doch mit Erika fühlt sie sich wohl und sie ist froh, immer wieder mit ihrer Leiterin gesprochen zu haben, um nach einer personellen Lösung zu suchen. Erika und sie kannten sich noch nicht so gut, weil Erika in einer der Kindergartengruppen arbeitete und Theresa in der Krippengruppe. In der Kita dürfen die Kolleginnen möglichst vieles selbst und eigenverantwortlich regeln und mitbestimmen, wie der Kita-Alltag abläuft. Theresa und Erika haben freie Hand in der Planung der Gruppenaktivitäten. Für ihre Krippengruppe haben sie sich nun einige Veränderungen überlegt. Die neue Personalkonstellation setzt unerwartete Energien frei:

Weil Erika gerne im Kindergartenbereich tätig war, wird sie weiterhin einmal wöchentlich für einen Nachmittag eine der Vorschulgruppen mit ihrer bisherigen Kollegin Nicole betreuen. Eine Kollegin aus dem Kindergarten über-

nimmt für diese Zeit ihre Tätigkeit in der Krippengruppe. Nicole und Erika wollen sich die Vorschularbeit „gönnen", sie wollen sich in diesen wenigen Stunden der Woche mit den Kindern eine Oase des Wohlfühlens schaffen mit Entspannungsübungen (Erika hat eine Zusatzqualifikation in Entspannungs-pädagogik erworben), mit Ausflügen in Schwimmbad, Kino und Zoo, mit Kneippübungen wie Fuß- und Handbäder, mit gegenseitigen Massagen, mit einem richtigen Restaurantbesuch und vielen Dingen mehr. Sie wollen trotz einiger Schwungübungen und anderer Arbeitsblätter der Schulvorbereitung einen neuen Charakter geben. Sie lassen es sich gut gehen und glauben, dass es damit auch den Kindern gut gehen wird. Das Team findet ihr Motto klasse und freut sich über ihre Ideen.

Erika und Theresa haben sich überlegt, den Gruppenraum neu zu gestalten. Die Leiterin gibt ihnen grünes Licht. Mit zwei Eltern besorgen die beiden leuchtend grüne Farbe, dazu sattes Gelb und Orange. An einem Samstag streichen dann einige Eltern mit ihnen den Raum, zwei Kolleginnen aus dem Kindergarten helfen auch noch mit. Es werden Baldachine gespannt, spontan erhalten auch die Türen und Fensterrahmen einen bunten Anstrich. Theresa und Erika sind in ihrem Tun völlig aufgegangen, es kommt ihnen vor, als würden sie zu Hause bei sich renovieren. Als sie montags den Kolleginnen ihr Werk zeigen, sind sie stolz und fühlen sich zugleich angekommen.

Theresa berichtet Erika nach einigen Wochen, dass sie seit einiger Zeit einen Gitarrenkurs besucht und bereits als Kind gerne Musikerin geworden wäre. Erika muss sich mächtig ins Zeug legen, bis sie Theresa soweit hat, dass sie ihre Gitarre mitbringt. Letztlich hilft das gute Krippenargument: „Selbst wenn du hundsmiserabel spielst, können die Kinder nicht petzen, weil sie ja noch nicht reden können." Theresa wagt Neues, sie hat sich in ihrer Gruppe mit der passenden Kollegin einen Arbeitsplatz gestaltet, der ihr gefällt. Sie offen-bart und stärkt ihre Talente, sie nutzt ihre Gestaltungsfreiheit und geht in ihrer Arbeit in der Kita auf. Gerne ist sie da auch bereit, sich im Team zu engagieren, indem sie beispielsweise ihre Kollegin einen Nachmittag pro Wo-che an den Kindergarten „ausleiht" oder bei Renovierungsarbeiten einer an-deren Gruppe mithilft.

Theresa sagte, was nicht stimmig war in ihrer Arbeit (Kollegin), sie suchte hartnäckig nach internen Lösungen (neue Kolleginnen) und wurde letztlich fündig (Erika). Sie schätzte ihre Chefin als unterstützend ein, suchte deren Rat und nutzte Freiräume, die sich ihr boten (ausprobieren dürfen). Sie nutzte Potenzial aus Elternschaft und Team, sich ihren Arbeitsplatz äußerlich (Renovierung) und inhaltlich (Musik, Entspannung, andere Kollegin an einem Nachmittag pro Woche) neu zu gestalten. Kleine Veränderungen mit großer Wirkung, denn Theresa hat das Gefühl, es selbst in die Hand genommen zu haben, sich ihre Arbeitswelt so zu machen, wie sie ihr gefällt.

Es sich als Erzieherin gut gehen zu lassen, dazu braucht es Mut und Klarheit. „Ich möchte", „ich wünsche mir" und „ich will nicht" sind da relevante Botschaften, damit Leiterin und Kolleginnen wissen, wenn eine Kollegin etwas ändern möchte. Konjunktivsätze mit „hätte, würde, könnte" sind da wenig zielführend, denn es geht um machbare Dinge innerhalb der Rahmenbedingungen. Und wie bei den Kindern sind auch bei Kita-Teams auch kleine „Guttuer" in der Lage, große Verbesserungen zu bewirken. Manchmal bedarf es lediglich ein wenig Farbe, einer Idee oder einer neuen Kollegin, um wieder gerne zur Arbeit zu kommen und neue Energien in sich zu spüren.

Wohlfühloasen entdecken

Für jede Kollegin können Wohlfühloasen anders aussehen. Trauen Sie sich, über Ihre Wohlfühloasen im Job nachzudenken. Seien Sie es sich wert, sich Gedanken zu machen. Was sind die größten Stressoren bei der Arbeit? Stört der Dienstplan? Sind bestimmte Kinder der reinste Horror? Nerven die ganzen Elterngespräche oder manche Kolleginnen mit ihren Macken?

- Was könnte eine Oase des Auftankens sein?
- Wo liegen Ihre verborgenen Talente?
- Was wollten Sie mit Kindern oder Kolleginnen schon immer mal erleben?
- Hätten Sie gerne mal ein halbes Jahr Frühdienst am Stück oder lieber immer Spätdienst?
- Würde es helfen, eine Zeit lang keine Elternkontakte pflegen zu müssen?

- Würden Sie gerne mal mit einer anderen Kollegin in einer Gruppe arbeiten?

Solche Fragen zu stellen, ist die Grundvoraussetzung, um sich selbst Gutes tun zu können und um Schwachstellen oder Arbeitsbereiche aufzudecken, die mehr Kraft kosten als spenden. Werden diese Gedanken dann offen und ehrlich ausgesprochen, können sie Vorgesetzte und Kolleginnen dazu bewegen, nach Verbesserungen zu suchen oder auch sich selbst in Frage zu stellen.

Nachdenken und Fragenstellen ist erlaubt!

1.5 Wenn der Träger nicht trägt

Wenn wir gerade beim Thema Selbstbestimmung und -gestaltung des eigenen Arbeitsumfeldes sind: Welcher Träger einer Kita kümmert sich im Alltag tatsächlich hingebungsvoll um die Einrichtungen, bietet seine Hilfe und Wertschätzung an oder stellt bereitwillig Mittel und Ressourcen für eine gelingende Pädagogik bereit? Ist der Träger nicht zumeist dann zur Stelle, wenn von seiner Seite aus etwas ansteht, beispielsweise, um ein Fest mit zu organisieren, Spenden für die Tombola aufzutreiben oder Räume für die Seniorengymnastik bereitzustellen? Wann haben Sie das letzte Mal ein Lob seitens ihres Trägers gehört? Wie oft ist jemand von Kirche, Stadt, Arbeiterwohlfahrt oder sonstigem Träger bei Ihnen vor Ort?

Wenn Sie nun „selten" oder „eigentlich nie" gedacht haben, dann nehmen Sie es gelassen. Nein, seien Sie dankbar und erkennen Sie darin die großzügige Freiheit, die Ihr Träger (unbeabsichtigt) Ihnen und Ihrem Team zuteil werden lässt. Sie haben zahlreiche Möglichkeiten, sich Ihren Arbeitsplatz selbst schön zu machen. So wie das Kind Akteur seiner Entwicklung sein darf oder soll, so dürfen und sollen Sie auch die Selbstgestalterin Ihres Erwerbslebens sein – zumindest in Ihrer Kita. Sie bestimmen mit Ihrem Team, die Rahmenbedingungen mit. Sie sind frei in der Gestaltung der Räume, des Tagesablaufs, der Dienstpläne, Team-Sitzungen oder Elterngespräche. Trauen Sie sich, nutzen Sie Ihr Netzwerk vor Ort und beweisen Sie Mut zur Eigeninitiative.

Beispiel: Eigeninitiative

Sich in der Kita ein Netzwerk mit Therapeuten, Ärzten, Handwerkern und Anwohnern aufzubauen, kann zum einen den Träger entlasten, zum anderen der Kita erhebliche Vorteile bringen. Wenn im städtischen Bereich viele Kitas wenigen Trägern unterstehen, kann meist lediglich das Notwendigste an Reparaturen oder Hausmeistertätigkeiten durch Trägervertreter geleistet werden. Erzieherinnen sind Meisterinnen beim Netzwerken. Handwerker werden mit frisch gebrühtem Kaffee bei Laune gehalten, talentierte Eltern streichen mit Kolleginnen Flure und Räume, Konfirmanden helfen bei der Gartenpflege und Großeltern werden Lesepaten in einer Einrichtung. Not macht erfinderisch. Und nicht zwangsläufig müssen aus der Not heraus entstandene Kooperationen zwischen haupt- und ehrenamtlich Tätigen in einer Kita weniger wert sein als Zuschüsse oder Kooperationen mit Trägern und Institutionen. Sie vor Ort können Ihre Kita am besten und aktuellsten einschätzen. Sie nehmen Veränderungen beim Klientel oder Träger als Erste wahr und dürfen sich trauen, darauf zu reagieren. Die eine Kita hat hilfsbereite Eltern, die über Aktionen Spendengelder für die erwünschte Schaukelanlage zusammentragen, eine zweite Kita verfügt über eine talentierte Kollegin, die in der Lage ist, anfallende Reparaturen selbst durchzuführen, und eine dritte Kita arbeitet außerordentlich gut mit der Grundschule zusammen und genießt dadurch starke Entlastung in der Vorschularbeit. Sprechen Sie offen über diese gelingenden Netzwerke und bauen Sie diese nach Herzenslust aus.

Mut zum Ungehorsam

Kennen Sie das Gefühl, dass es zwischen der Anerkennung, die Ihrem Beruf als Erzieherin entgegengebracht wird, und der Menge an Anforderungen, die an Sie gestellt werden eine große Diskrepanz gibt? Alleine schon der tägliche Hickhack vor Ort: Entweder hakt es irgendwo im Team oder es gibt mal wieder Unstimmigkeiten mit den Eltern und dann wird vom ungeliebten Caterer zum Mittagessen auch noch Hühnerfrikassee mit klebrigem Matschreis geliefert, bei dem die Erzieherinnen so tun sollen, als handle es sich dabei um ernährungstechnisch wertvolle Genusslebensmittel – da braucht es wenig Vorstellungskraft, um zu wissen, wie im Team ohne Not erlassene Anordnungen des Trägers ankommen, die der

Kita zusätzliche Aufgaben bescheren. Es werden wohlgemeinte Fortbildungen angeordnet (die Kolleginnen fehlen dann in der Kita), neue Förderprogramme eingeführt (momentan am liebsten Sprachförderung) oder wegen Schuluntersuchungen zahlreiche Fragebögen an Erzieherinnen zur Bearbeitung verteilt, so als hätten die Kitas nicht genug damit zu tun, ihren Alltag zu stemmen.

Bei all den gesetzlichen Vorgaben, die auch von Trägerseite eingehalten werden müssen, sei an dieser Stelle trotzdem einmal mehr gesagt: Mut zum Ungehorsam, liebe Erzieherinnen, Mut zum Stopp-Sagen! Fordern Sie die Bereitschaft zum Dialog ein und stellen Sie in einem Brief die Dinge, Umstände und/oder Anlässe für Ihre Unzufriedenheit dar. Formulieren Sie dies in Ich-Botschaften (!), stellen Sie Ihr Licht nicht unter den Scheffel, sondern zeigen Sie deutlich Ihre Qualifikationen, Ihr Engagement und Ihre Loyalität gegenüber dem Träger auf und beenden Sie einen solchen Brief auf jeden Fall mit einer Einladung zu einem Gespräch. Durch das Aushalten einer überfordernden Situation oder durch den Versuch, möglichst wenig Angriffsfläche zu bieten, kann kein Arbeitsplatz in einer Kita zu dem werden, was er sein sollte, nämlich ein Ort des freudigen Arbeitens und eines guten Miteinanders.

2.
Vom spielerischen Umgang mit Kindern

Über das Spielen an sich und über Sinn und Unsinn von Spielmaterialien ist in der Fachliteratur ausreichend berichtet worden, und jede Erzieherin wird ohne Einschränkung die Bedeutsamkeit des Spiels für das Lernen und die Entwicklung von Kindern bestätigen. An dieser Stelle wollen wir deshalb die Frage nach dem *Wie* stellen: Wie wird gespielt und vor allem, wie spielt die Erzieherin mit dem Kind? Des Weiteren stellen wir Ideen und Anregungen vor, mit denen sich typische Situationen des Kita-Alltags spielerisch im Sinne von stressfreier bewältigen lassen.

2.1 Wie frei ist das Freispiel?

Die Freispielzeit gilt gemeinhin als die Zeit im Kita-Alltag, während der die Kinder die Gelegenheit haben, genau das zu lernen, was sie selbst gerade bewegt und interessiert. Eine gut durchdachte Raumgestaltung und die damit verbundene Auswahl an Spielangeboten und Impulsen ist hierfür die Grundvoraussetzung. Die meisten Erzieherinnen sind davon überzeugt, dass das freie Spiel an sich dem Kind ausreichende Lernerfahrungen ermöglicht. Doch wie steht es um das freie Spiel? Wie viel Freispielzeit steht Kindern in den Kitas noch zur Verfügung und ist während dieser Zeit wirklich freies Spielen möglich?

Die Forderung nach frühkindlicher Bildung scheint dazu zu führen, dass mancherorts das Spielen – dessen Kennzeichen ja gerade die Ziel- und Zweckfreiheit ist – mit einem gewissen Misstrauen betrachtet wird: Lernen die Kinder dabei genug? Aus dem Gefühl der Verantwortung heraus, möchte die Erzieherin erreichen, dass Carla die Farben zu unterscheiden lernt, wenn sie malt. Sie möchte, dass Knut das Zählen übt, während sie mit ihm Dominosteine aneinanderlegt, und sie möchte, dass Sonja ihre Konzentration schult, während sie mit ihr die Puzzleteile zusammensetzt.

Zielformulierungen werden in der Ausbildung zur Erzieherin detailliert studiert und sind auch nicht weiter verwerflich. Doch sind Spielsituationen, in denen, wenn auch nicht unbedingt offensichtlich, so doch unterschwellig, ein pädagogisches Ziel verfolgt wird, noch frei? Schränkt das von der Erzieherin gesetzte Ziel das Spiel des Kindes und damit sein ganz eigenes persönliches Entwicklungsthema und -tempo nicht ein? Kinder spüren die Erwartungshaltung der Erzieherin und möchten ihr entsprechen. Das Spiel verliert damit jedoch seine Unbeschwertheit und Leichtigkeit. Ein Ergebnis soll erreicht werden, das die Erzieherin in wohlwollender Absicht für das betreffende Kind vorsieht. Es gilt „Bildungsbeweise" zu erbringen, die in Entwicklungsbögen festgehalten werden können. Eine gelassene Haltung dem Kind gegenüber ist so nur eingeschränkt möglich. Es werden die ersten Stressmomente für das Kind verankert. Mit echtem Spielen hat das wenig zu tun!

Kinder lernen im und durch das Spiel. Wann, was und wie sie lernen, ist individuell. Die Praxis, im Vorfeld eines Projekts oder einer Spielsituation ein pädagogisches Ziel zu formulieren, gehört auf den Prüfstand. Was wird erreicht, wenn sich Erzieherinnen und Kinder „zielfrei" auf ein Projekt oder Spiel einlassen? Schadet es, erst im Nachhinein aufzuspüren und zu reflektieren, was das Kind mittels des Spiels aufgedeckt hat?

Die Erzieherin als (Rollen-)Spielpartnerin

Das Vertrauen in die individuelle Entwicklung von Kindern kann wachsen. Stellen Sie sich einmal vor, Sie spielen mit den Kindern frei, absichtslos, ohne Bewertung und ohne Anspruch, rein um des Spielens willen. Sie korrigieren nicht, erklären nicht, bestimmen nicht, Sie spielen einfach nur mit und das mit Herzblut. Dabei werden unzählige zufällige Erfahrungen, die ein Kind während des Spielens gewinnt, wie kleine Schätze in der Gehirnschatztruhe abgespeichert – und die Kreuzchen auf dem Entwicklungsbogen sind garantiert!

Zielorientierung hat keine Chance, sie hat im Spiel nichts zu suchen!

Spielen ist mit Freude verbunden. Das lockere, offene, herzliche und alles möglich machende Rollespiel kann für die Erzieherin gleichzeitig zum Entspannungsfeld werden. Frei vom Bildungsballast kann sie im Rollenspiel selbst wieder Kind sein, und dieses Kindsein wird für Kinder zum Geschenk. Das Rollenspiel erlaubt ihr, die Ernsthaftigkeit abzulegen, verrückte Ideen à la Pippi auszuprobieren und lustig und fröhlich mit Kindern einfach zu „sein". Solches Spielen macht zufälliges Lernen für Kinder möglich. Da werden selbst Farben und Zahlen spielerisch aufgespürt, etwa wenn die Hexe ihren Zaubertrank mixt.

Die Erzieherin wird zum echten Spielpartner. Was passiert, wenn sie als Hexe, als Königin, als Zauberin, als Pippi Langstrumpf, als Planetenherrscherin, als Astronautin, als Fee, als Clown oder als Geist den Kita-Alltag aufleben lässt? Ein bisschen Mut, ein bisschen Verrücktheit und ein bisschen Fantasie und schon kann es losgehen. Kinder, die auf diese Weise zum spielerischen Lernen eingeladen werden, erleben eine Erzieherin, die die Kita mit Lebendigkeit füllt. Diese Lebendigkeit ermöglicht es der Erzieherin zugleich, sich selbst wieder ein Stück mehr wahrzunehmen, sich auszuprobieren, zu experimentieren, die eigene Neugier und die eigene Spontaneität aufleben zu lassen. Mit dieser Perspektive auf das Spielen rückt sie ganz nah an das Kind heran.

Die Erzieherin aktiviert ihre Arbeitsfreude, wenn sie den Bildungsanspruch zur Ruhe kommen lässt und der Bildungsjagd eine Pause verordnet (siehe dazu auch Kapitel 2.3). Spielen ist Lernen. Doch was das Kind lernt, bestimmt es selbst! Lassen wir uns einfach darauf ein.

2.2 *Vom Umgang mit Auseinandersetzungen*

Kinder, die andere Kinder schlagen, die Spielzeug zerstören oder andere Kinder ärgern sind oftmals für die Erzieherin eine Herausforderung. Es ist leichter gesagt als getan, in derartigen Situationen pädagogisch korrekt zu reagieren und vor allem ruhig und gelassen zu bleiben. Sicherlich, erwartet wird dies von einer Erzieherin, doch wenn Kinderlärm und personelle Engpässe den Alltag bestimmen, dann sind diese Erwartungen manchmal nicht ganz so leicht zu erfüllen – auch eine kompetente und professionelle Erzieherin stößt an ihre Grenzen.

Wie könnte ein pädagogisch korrektes Verhalten in den oben genannten Konfliktsituationen überhaupt aussehen? Sehr häufig werden in brenzligen Situationen Standardfragen und Zurechtweisungen zur Hilfe genommen. Sie sind im Laufe der Jahre in den Köpfen vieler Erzieherinnen abgespeichert worden und das „abspulen" ist kinderleicht. Bitte überprüfen Sie einmal, welche der nachfolgenden Aussagen Ihnen vertraut sind:

- „Was hast du denn da gemacht?"
- „Was ist denn hier los, Andre, wieso hast du Knut gehauen?"
- „Ich hab dir doch schon hundertmal gesagt, wir schlagen keine anderen Kinder."
- „Andre, das darf man doch nicht."
- „Jetzt musst du dich aber entschuldigen."
- „Wie kannst du denn einfach so hauen, Peter hat dir doch gar nichts getan?"

Die Reaktionen von derart angesprochenen Kindern fallen unterschiedlich aus: Sie sagen gar nichts, rechtfertigen sich voller Eifer, beginnen selbst zu weinen oder lachen gar. Eines ist ihnen allerdings gemein: Kinder, die handgreiflich werden, sind selbst emotional betroffen. Sie bringen ihre Wut mittels körperlichen Einsatzes zum Ausdruck und sind im Nachhinein selbst erschrocken darüber.

Ganz automatisch bemühen sich Erzieherinnen um eine Regulierung. Sie wollen dem Kind vermitteln, was Recht und Unrecht ist, und erreichen, dass Kinder sozial verträglich miteinander umgehen. Das ist zunächst einmal gut so. Sie reden also mit dem Kind, das verletzt wurde, und trösten es, und sie reden mit dem Kind, das unfair war. Rationale Erklärungen sollen dem Kind zur Einsicht in sein unrechtes Verhalten verhelfen. Häufig gehen diese sprachlichen Schlichtungsbemühungen auch mit Maßnahmen einher: Das betreffende Kind darf z. B. für eine Weile nicht mehr auf dem Bauteppich spielen.

Doch warum schlägt Andre immer mal wieder zu? Warum helfen oben beschriebene Appelle nicht? Worte verhallen, sie berühren meist nur kurz oder gar nicht, wenn ein Kind häufiger erzieherische Reglementierungen erfährt. Wenn Schlagen, Kneifen und Treten „beredet" werden, bekommen sie Aufmerksamkeit und werden interessant. Sollten nicht eher die in solchen Konfliktsituationen erlebten Gefühle wahrgenommen und beachtet werden, als das Recherchieren des „Tathergangs" und die Suche nach „Täter und Opfer" in den Vordergrund zu rücken? Wie wäre es, wenn wir, statt den Streit nochmals ausgiebig zu beleuchten, dem Umgang mit Gefühlen und dem friedlichen Miteinander unsere Aufmerksamkeit widmeten?

Stopp, die Grenze ist erreicht!

Eine von Handgreiflichkeiten begleitete Streitsituation unterbricht die Erzieherin, indem sie „halt" oder „stopp" sagt und dies mit einer Handbewegung begleitet. Sie nimmt dann achtsam das Kind an die Hand und geht mit ihm einen Schritt zur Seite. Sind beide Kinder handgreiflich geworden, führt sie behutsam beide Kinder auseinander. Sie nimmt bewusst eine Abgrenzung vor und drückt damit aus: Das reicht! Das, was geschehen ist, ist geschehen. Es ist, wie es ist.

„Auf Kinder wirkt das Vorbild, nicht die Kritik." Heinrich Thiersch

Kinder sind in solchen Situationen oft bemüht, sich sprachlich zu rechtfertigen, und liefern ganz spontan Erklärungen, warum es so oder doch auch ganz anders gewesen ist. Die Kinder erbringen dabei oftmals sprachliche Höchstleistungen und machen sich damit Luft – das tut erst einmal gut. Die Situation selbst braucht dann keine Kommentare oder weitere Analyse von Seiten der Erzieherin mehr! Die Grenze „Schlagen ist nicht okay" wird durch die klare Haltung der Erzieherin deutlich. Ihre ruhige Reaktion, fast ohne Worte, „entschärft" die angespannte Lage. Sie lässt den Beteiligten Zeit und Raum, die eigenen Gefühle wahrzunehmen und mit ihnen in Kontakt zu kommen. Zugleich zeigt sie den Kindern vorbildhaft, wie sie mit der oben beschriebenen Intervention ihrem Gegenüber eine Grenze aufzeigen können.

Das Forschen nach dem Anstifter des Streits und nach möglichen Gründen für ein unangemessenes Verhalten ist meist kompliziert und wenig ergiebig. Oft ist auch mit Unterstützung der Erzieherin eine faire und gerechte Regelung nur schwer möglich. Das verletzte Kind bekommt Trost und Zuwendung. Der Verursacher einer Streitsituation fühlt sich aber ebenso nicht wohl. Jeder zusätzliche Vorwurf, jede Frage nach dem Wieso ist überflüssig, denn es erzeugt Schuldgefühle und macht ein schlechtes Gewissen. Handgreiflichkeiten ohne viel Worte zu unterbrechen und die Kinder dann getrennt voneinander spielen zu lassen, bewirkt mehr als jede „Aufklärungsarbeit". Das Kind spürt, dass sein Verhalten so nicht angemessen ist, es muss nicht zusätzlich in die „Sprachmangel". Dies gilt auch, wenn mehrere Kinder sich gegenseitig schlagen oder eines der Kinder sich mit Hilfe von Schlägen wehrt.

„Gott gab uns zwei Ohren und nur einen Mund, wir sollten sie in diesem Verhältnis gebrauchen." Johann Wolfgang von Goethe

Vorschläge zum Umgang mit Konflikten

Aggressionen sind ein biologisches Verhaltensmuster, das in uns allen fest verankert ist. Sie sind wichtig für unser Überleben. Wie wir sie in unserem Verhalten zum Ausdruck bringen, unterliegt der sozialen Norm. Gerade jüngere Kita-Kinder sind meist noch nicht in der Lage, sich etwa mittels sprachlicher Argumentation auseinanderzusetzen. Sie nehmen Hände, Füße und Zähne zur Hilfe. Kinder, die aggressives Verhalten zeigen, sind vielleicht in einer ausweglosen Situation, sie verteidigen sich oder ihren Besitz, sie möchten ihren Einfluss oder ihre Macht geltend machen. „Aggression geschieht nie aus purer Bosheit oder aus dem Spaß daran, jemanden zu ärgern" (Haug-Schnabel 2009: 12).

Eine Erzieherin, die das Kind versteht, kann professionell handeln! Sie billigt Aggression als ein Gefühl, aggressives Handeln hingegen kann sie mit Hilfe klarer Regeln und mittels körperlicher Signale positiv regulieren. Sie kann das Kind dabei begleiten, das eigene Verhalten zu steuern. Dabei muss der Entwicklungsstand eines Kindes ebenso Berücksichtigung finden wie eventuelle Nöte, die das Kind mittels der Aggression anzeigt.

Folgende Reaktionsmöglichkeiten in Abfolge haben sich in der Praxis bewährt:

- Die Erzieherin beobachtet Konflikte der Kinder. Grundsätzlich lässt sie den Kindern den Raum und die Zeit, eigene Lösungen für die Konflikte zu finden.
- Erst wenn es zu Handgreiflichkeiten kommt, stoppt sie den Übergriff durch die Herausnahme aus der Situation.
- Die Erzieherin fragt nicht nach dem Warum, sondern erkennt die Gefühle an. Ärger, Wut, Traurigkeit usw. sind da, sie werden akzeptiert. Allein die Handlung wird nicht gebilligt.
- Die Erzieherin vermittelt dem Kind eine zweite Chance. In Absprache mit dem bzw. den anderen am Konflikt beteiligten Kindern begleitet sie das Kind darin, sich erneut ins gemeinsame Spiel einzufinden.
- Eventuelle weitere Handgreiflichkeiten handhabt die Erzieherin zunächst wie oben beschrieben.
- Die Erzieherin lässt dann das Kind, das handgreiflich wurde, in Ruhe und gibt ihm Zeit, in sich hineinzuspüren, sich in dieser Situation selbst wahrzunehmen. Je nach Entwicklungsstand des Kindes kann evtl. später, wenn alle sich beruhigt haben, ein Gespräch hilfreich sein.

Bei sehr heftigen Aggressionen können die oben beschriebenen Schritte nicht ausreichen. Das „Festhalten" ist bei einem stark aggressiven Kind eine Möglichkeit, wie es sich wieder entspannen kann. Die Erzieherin signalisiert dem Kind mit der Sprache ihres Körpers: „Du kannst dich nicht steuern, aber ich kann dich halten". Es geht dabei nicht um Machtausübung, vielmehr darum, Halt zu geben. Dem Kind sollte anschließend vermittelt werden, dass es trotz seines Aggressionsausbruches angenommen und respektiert wird. Der Umgang mit Aggressionen bei älteren Kindern und auch Erwachsenen muss gesondert gesehen werden.

„Nur in einer einzigen Wissenschaft muss man Kinder unterweisen, in der Wissenschaft der menschlichen Beziehungen." Jean-Jaques Rousseau

Der Ausruhstuhl

Der Ausruhstuhl lädt handgreifliche Kinder zum Zur-Ruhe-Kommen ein. Es ist aber nicht allein dieser Stuhl, der eine fast zauberhafte Umwandlung bewirken kann. Es ist vielmehr das Angebot der Erzieherin, Konflikten mit und durch Liebe zu begegnen. Die Kinder bekommen durch diese Auszeit die Gelegenheit, ihre Gefühle wahrzunehmen. Wenn Empathie wachsen soll, wenn sich das Einfühlen in das Gegenüber entwickeln soll, dann brauchen Kinder die Chance zu fühlen!

Andre spielt mit Kai auf dem Bauteppich. Er schlägt ihn einige Male fest auf den Rücken, Kai beginnt zu weinen. Martina, die Erzieherin, nimmt Kai an die Hand und sagt „stopp". Sie tröstet das weinende Kind, nimmt dann Andre an die Hand und begleitet ihn wortlos zum Ausruhstuhl. Nach fünf Minuten „Ausruhzeit" kommt Martina zu Andre und legt seine Hände behutsam in ihre. Sie streichelt Andres Hände und sagt. So, was denkst du Andre, sind deine Hände jetzt wieder liebevoll. Andre nickt und geht spielen. Kein Wort wird verloren über die Situation, kein Wort der Schuldzuweisung, kein Wort, das ein schlechtes Gewissen auslöst. Die Lösung liegt in einer warmherzigen Begegnung – und das immer wieder von Neuem!

Tipp: Wenn ein Kind nicht auf dem Ausruhstuhl sitzen bleiben will, ist das Angebot, selbst einen Platz auszusuchen, eine gute Alternative

Die „Liebe-Hände-Runde"

Es sind unsere Hände, die, wenn sie einander liebevoll berühren, Kinder spüren lassen, wie sich ein friedliches Miteinander anfühlen kann. Jede Woche macht die Erzieherin mit den Kindern eine „Liebe-Hände-Runde". Alle Kinder suchen sich erst einmal einen Partner oder eine Partnerin und setzen sich zusammen gemütlich hin. Dann bekommt jeder einen Tropfen Öl in die Hand. Zuerst verteilt jeder das Öl in seinen Händen, dann massieren sich die Kinder gegenseitig die Hände. Das ist glitschig, kitzelig und lustig zugleich.

Die Erzieherin erzählt den Kindern, dass ihre Hände den ganzen Tag so viel zu tun haben und dass sie manchmal auch einfach nur gestreichelt werden möchten. Wenn man seine Hände streichelt, dann bekommen sie

Liebe und liebe Hände schlagen nicht so gerne, sie kneifen auch nicht so gerne und sie werfen auch keine Bauklötze in der Gegend herum. Die Kinder werden erleben, dass das mit den „lieben Händen" so seine Zeit braucht. Nur eine kontinuierliche Begegnung mit diesem Ritual wird bei aggressiven Kindern eine Wirkung zeigen können.

Tipp: Alle Eltern bekommen ein kleines Ölfläschchen. Darauf steht die Anleitung für die „Liebe-Hände-Runde" für zu Hause.

„Mit den Augen eines Kindes auf diese Welt zu blicken, bedeutet auch, nach einem friedlichen Miteinander Ausschau zu halten."

Ring frei zur nächsten Runde

Ja, Kinder sollen miteinander raufen, toben und balgen. Das brauchen sie, um sich selbst körperlich wahrzunehmen und zu spüren, wie viel Kraft in ihnen steckt. Und so sind kleine Kämpfchen, die allein dem Kräftemessen dienen, herzlich willkommen. Sie sollten auf keinen Fall reglementiert werden. Erzieherinnen können Kindern dafür sogar eigens eine „Bühne" geben. Im Vorfeld wird gemeinsam mit den Kindern dazu die klare Regel aufgestellt: Erlaubt ist alles, was dem anderen nicht weh tut! Sagt jemanden „stopp", gibt es eine kleine Pause.

Und dann kann es losgehen. Eine Matte dient zur Begrenzung der beiden Ringer oder Ringerinnen. Die Kinder erproben sich darin, wie sie den anderen umgreifen, sich um ihn schlingen, wie sie stehend oder liegend mit dem anderen kebbeln und dabei noch herzhaft lachen können. Und natürlich wird es passieren, dass das eine oder andere Kind zu heftig zugreift, schließlich ist es gar nicht so einfach, ein Gefühl dafür zu entwickeln, wann dem anderen etwas weh tut. Sobald eines der beiden beteiligten Kinder bemerkt, dass dies der Fall ist, ruft es „stopp". Das ist das Signal für den anderen, dass er zu fest zugegriffen hat. Und das wird sich ganz bestimmt ändern, wenn es kurz darauf gleich weitergeht. Denn es macht einfach Spaß, miteinander tobend im Kontakt zu sein.

2.3 Gestaltungsspielräume nutzen – Ideen für den Kita-Alltag

Überprüfen Sie doch einmal, was es in Ihrer Kita alles an Projekten, Aktionen und Bildungsangeboten gibt. Finden Sie sich bei der folgenden Aufzählung wieder? Sprachförderung, Musikschule, Tanzkurs, Bastelnachmittage, Bewegungsstunde, Lese-Oma und -Opa, Kochgruppe, Kreativkurs, Englisch, Zeichensprache für die Kleinsten, Yoga, Meditation gegen den Stress, Elterntraining, Fun-Projekt, Weihnachtsfeier, Laternenbasteln, Elternnachmittage, Elternabende, Mathematik für die Kleinen, Frühförderung, Experimentiergruppe, Kleine Forscher, Kinderparlament … fehlt etwas?

Bildungslust statt Bildungsfrust

Der Konkurrenzkampf der Kitas ist in vollem Gange. Wer möchte schon zurückbleiben, wenn es gilt, bei den Eltern und in der Öffentlichkeit zu punkten. Zudem definieren Erzieherinnen ihre Professionalität verstärkt darüber, wie viel und was in der Kita angeboten wird. Nicht zuletzt gibt es seit einigen Jahren Gütesiegel für Kitas, die verschiedene Qualitätsbereiche nach Teilnahme an einem Evaluationsverfahren bestätigen und deren verpflichtende bzw. bundesweite Einführung kontrovers diskutiert wird. Aber ist eine Vielzahl an Aktivitäten und Angeboten tatsächlich bereits ein Qualitätsmerkmal? Erzieherinnen sollten in diesem Zusammenhang ihren Gestaltungsspielraum nutzen, damit sich nicht Bildungsfrust, sondern Bildungslust entwickelt.

Empowerment – die Bildungs- und Gesundheitsministerin

Partizipation wird in vielen Kitas groß geschrieben und so halten nach und nach die sogenannten Kinderparlamente Einzug. Die Kinder sollen so früh wie möglich in demokratische Entscheidungsprozesse einbezogen werden. Von der Politik können sich Erzieherinnen noch mehr abschauen. Die Bundeszentrale für gesundheitliche Aufklärung empfiehlt, dass „Erzieherinnen und Erzieher befähigt werden, (sollten), eine persönliche gesundheitsfördernde Haltung zu praktizieren" (Breustedt 2010: 41).

Haben Sie schon einmal etwas von Empowerment gehört? „Empowerment ermutigt Menschen, ihre eigenen, oft auch verschütteten persönlichen Stärken wiederzubeleben und sich mehr zu beteiligen. Sie werden ermutigt, sich ihr eigenes Lebensumfeld ‚zu erobern‘, indem sie es selbst gestalten. Im Endeffekt führt Empowerment die Menschen zu größerer gemeinschaftlicher Stärke und Handlungsfähigkeit" (Landesvereinigung für Gesundheit und Akademie für Sozialmedizin Niedersachsen e.V. 2010: 26). Praktisch könnte das so aussehen: Wählen Sie ganz basisnah jeweils eine Erzieherin als Kita-Gesundheits- und als Kita-Bildungsministerin! Die beiden achten darauf, dass alle Mitarbeiter für ihre Gesundheit sorgen und eine für alle Beteiligten passende Bildungsarbeit umsetzen. Folgende politische Ziele könnten die Kita-Ministerinnen, orientiert am Bildungsplan des jeweiligen Bundeslandes, formulieren:

- Bildung passiert im Alltag! Neben der Raumgestaltung und dem Spielangebot ist die Haltung der Erzieherin von wesentlicher Bedeutung.
- Die Beziehung zwischen Erzieherinnen und Kindern steht im Vordergrund. Die Erzieherin als Vorbild trägt ein humanistisches Menschenbild und gibt dieses an die Kinder weiter. Selbstverständlich sind der Respekt und die Wertschätzung Eltern gegenüber, unabhängig von Status oder Bildung.
- Die Erzieherin sorgt für ihr eigenes Wohlbefinden ebenso wie für das der Kinder:
  - Sie achtet darauf, den Tag mit den Kindern möglichst achtsam und übersichtlich zu gestalten.
  - Der Außenspielbereich wird (abwechselnd im Team) ab dem frühen Morgen als Spielraum genutzt, sodass alle möglichst immer ausreichend frische Luft und Bewegung bekommen.
  - Sie nutzt neben einer Mittagspause zwischendurch kleinere Pausen, wenn die Personalsituation dies erlaubt.

Bildungsministerin

Nicht zuletzt wird im Zielekatalog der folgende Appell nicht fehlen: Liebe Erzieherinnen, reduziert die Anzahl der Projekte, die zu Bildungszwecken angedacht sind. Lenkt die Aufmerksamkeit auf die täglichen, ganz natürlichen Bildungssituationen im Alltag!

Beispiel: Bildungspotpourri Frühstück

Es lohnt sich, die vielen Situationen, die routinemäßig den Kita-Tag bestimmen und strukturieren, einmal unter dem Blickwinkel der Bildung zu betrachten, beispielsweise das Frühstück. Setzen Sie es doch einmal bewusst „in Szene", um vor allem auch Eltern transparent zu machen, wie viel „Bildung" darin steckt.

Fünf Kinder sitzen um den Frühstückstisch. Sie haben diesen Zeitpunkt selbst gewählt und ihr Frühstück selbstständig ausgepackt. Maria beißt in ihr Brot und erzählt ihren Tischnachbarn von ihrem gestrigen Erlebnis mit ihrer Oma, die auf den Treppen ausgerutscht ist und ins Krankenhaus gebracht wurde. Konstantin kann dazu gleich etwas beitragen und erzählt von seinem Vater, der schon einmal einen Motorradunfall hatte. Philipp, Björn und Muna hören gespannt zu, während sie genüsslich ihr Frühstück verzehren. Muna schält ihre Mandarine und bietet Björn ein Stück davon an „Willst Du auch?". Björn verneint und schüttelt den Kopf. Muna lacht, als einige Spritzer der Mandarine auf ihrer Nase landen, als sie hineinbeißt. „Oh, die sind aber saftig", mit einer kurzen Handbewegung entfernt sie den Spritzer. Björn berichtet, dass Mandarinen gesund sind und Bananen auch; er holt eine Banane aus seiner Kindergartentasche, zieht die Schale ab und fragt die Erzieherin, ob er die Banane schneiden dürfe. Konzentriert schneidet er kurz darauf mit einem Messer die Banane in kleine Stücke. Er beginnt zu zählen; es sind 13 Stücke. „Wer will eins?", ruft er in die Runde und Maria greift zu. „Ich esse am liebsten Toastbrot", meldet sich Konstantin zu Wort. „Bei uns kommen immer zwei Toasts aus dem Toaster." Maria steht auf, greift sich die Teekanne und gießt sich Tee ein, etwas zu viel. Sie holt einen Wischlappen von der Spüle und wischt die Teepfütze damit auf. Auch Konstantin hat Durst, gießt sich Tee ein und ist stolz: „Guck mal, ich kann das, ohne schlabbern". Björn ist satt. Er packt seine Brotreste in seine Butterbrotdose. Seinen Teller und seine Tasse trägt er zur Spüle, um sie dort zu säubern. Er trocknet sie anschließend ab und stellt sie auf den Platz zurück. Er ruft in den Gruppenraum: „Wer will frühstücken? Ein Platz ist frei."

Frühstücken macht in diesem Beispiel nicht nur satt, sondern bildet auch:

- Sprachförderung: selbst etwas erzählen, zuhören
- Feinmotorik: schälen, schneiden, gießen, abwischen, spülen, abtrocknen
- Selbstständigkeit: den Zeitpunkt für das Essen wählen, auspacken und auswählen
- Mathematische Grundfertigkeiten: Zahlen kennenlernen, abzählen
- Soziale Kompetenzen: Rücksicht nehmen, teilen, sich aufeinander beziehen.

Stärken stärken, statt auf Schwächen zu fokussieren

In der Kita wird ein Musikprojekt angeboten. Zehn Kinder können teilnehmen und trotz Kostenbeteiligung der Eltern sind die Plätze schnell belegt. Manche Eltern sind enttäuscht, dass ihr Kind nicht dabei ist – wie gut, dass demnächst ein Besuch in der Turnhalle der Schule und im nächsten Monat ein attraktiver Malkurs anstehen. Viele Eltern möchten, dass ihre Kinder an möglichst vielen besonderen Angeboten teilnehmen, egal, was angeboten wird. Sie sind davon überzeugt, je öfter ihr Kind teilnimmt, desto besser wird es gefördert, oder sie fürchten gar, ihr Kind könnte zu wenig lernen, wenn es nicht teilnehmen kann.

Wenn nicht gerade eine Liste über die Teilnahme von Kindern an Angeboten oder Projekten bestimmt, entscheiden Erzieherinnen aus den verschiedensten Gründen darüber, schließlich kann immer nur eine begrenzte Anzahl an Kindern berücksichtigt werden. So gehen z. B. die Fünfjährigen mit zur Turnhalle und der Malkurs findet nur für die Kleinsten statt. Immer öfter geraten Erzieherinnen hier in Erklärungsnot. „Warum ist Maria nicht dabei?" „Warum wurde mein Sohn nicht berücksichtigt?" „Ich möchte, dass Paul auch mitmacht, schließlich bezahle ich Beitrag!" Das sind nur einige Kommentare, die an die Erzieherin gerichtet werden. Es ist nicht immer einfach, hier die passenden Argumente zu finden, um Einsicht bei den Eltern zu bewirken.

Beispiel: Carina und das Kinderparlament

In der Kita soll verstärkt die Partizipation von Kindern praktiziert werden: Ein Kinderparlament wird gewählt. Die Erzieherin, die dafür verantwortlich ist, hat aus jeder Gruppe jene Kinder ausgewählt, die bereits selbstbewusst auftreten und gut argumentieren können und die sich nicht scheuen, ihre Ideen mutig vorzutragen und zu vertreten. Die Kinder erhalten dafür eine schriftliche Einladung mit der Bitte, diesem wichtigen Gremium beizutreten. Carina, die Tochter von Frau Müller, ist nicht dabei, sie hat keine Einladung erhalten. Frau Müller fragt nach, warum ihre Tochter keine Einladung bekommen hat und erhält die Antwort, dass Carina nicht Mitglied im Parlament sein wird. Die Erzieherin erklärt der Mutter, dass Carina musikalisch besonders begabt sei und dass sie demnächst beim Liedernachmittag etwas vorsingen wird. Das Team dieser Kita hat sich bewusst dafür entschieden, die Stärken der Kinder zu stärken, statt sich auf deren Schwächen zu konzentrieren. Für Carina wäre es eine Überforderung, sich in einem Kinderparlament zu behaupten, während für Selina, die erstmals Mitglied des Kinderparlaments ist, ein musikalischer Auftritt vor Publikum mit Angst besetzt wäre.

Der Spieß wird umgedreht. Statt Kinder Projekten zuzuordnen, damit sie ihre vermeintlichen Schwachpunkte ausgleichen können, werden ihre Stärken und Vorlieben unterstützt. Kinder, die mit Begeisterung singen, tanzen und Spaß an Instrumenten haben, bekommen möglichst vielfältige Gelegenheiten, sich hier auszuleben. Kinder mit großer Bewegungslust bekommen die Chance zum Toben, Turnen und Klettern, zum Einradfahren, Jonglieren und Fußball spielen. Erfahrungen, dass etwas besonders gut gelingt, beglücken, stärken das Selbstvertrauen und lassen das Selbstwertgefühl wachsen.

Keine Sorge, Stärkenförderung bedeutet nicht, dass Kinder wie Carina ihre sprachlichen Ausdrucks- und Durchsetzungsfähigkeiten nicht entwickeln. Carina wird das eben in für sie bewältigbaren Alltagssituationen tun. Ein Kita-Tag bietet unzählige Momente für alle Kinder, spielerisch etwas hinzuzulernen. Der Anspruch von Eltern, dass ihr Kind möglichst an allen geplanten Bildungsangeboten teilnehmen soll, wird zurückgehen, wenn das Prinzip der Stärkenförderung verständlich transportiert wird. Das Konsumieren in Sachen Bildung wird eingedämmt, wenn die Originalität des eigenen Kindes, seine Besonderheit und Einzigartigkeit ins Zentrum rückt. Das Vertrauen in die Fähigkeiten des eigenen Kindes wächst und es wird unwichtiger, ob es alles gut kann.

Das Fingerspiel der guten Eigenschaften

Mit einem Fingerspiel für Erwachsene kann man auch deren Stärken stärken. Haben Sie schon einmal überlegt, was Sie an sich selbst mögen und besonders an sich schätzen? Ordnen Sie allen zehn Fingern eine liebenswerte Eigenschaft zu. Der Daumen steht z. B. für das Einfühlungsvermögen, das Sie Kindern gegenüber zeigen, der Zeigefinger für die gute Stimmung, die Sie meistens verbreiten, der Mittelfinger für Ihre Geduld, der Ringfinger für Ihre fantasievollen Wortspiele und der kleine Finger für Ihre Hilfsbereitschaft. Und dann geht es weiter mit der anderen Hand. Lassen Sie sich Zeit!

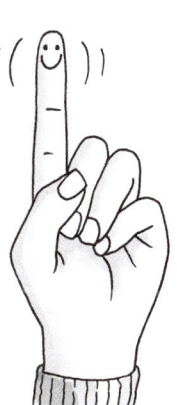

Das Fingerspiel für Erwachsene kann nicht nur allein ausgeführt werden. Manchmal ist es hilfreich und auch beeindruckend nachzufragen, was anderen noch dazu einfällt. Auf diese Weise gespielt wird das Fingerspiel eine Herausforderung für das Team, wenn reihum alle gemeinsam die Finger einmal ganz anders nutzen. Auch Kinder finden Gefallen an diesem Fingerspiel. Sie erfahren, dass man sich selbst schätzen kann und dies nicht verstecken muss.

Es gibt kein besseres Beispiel als die eigene Veränderung.

Mittagsmahlzeiten ohne Stress

Manche Alltagssituationen empfinden Erzieherinnen als belastend. Gerade die Mittagsmahlzeiten erfordern große Organisationskompetenz. Die Räumlichkeiten sind in vielen Kitas nicht darauf ausgerichtet, eine gemütliche Atmosphäre während des gemeinsamen Essens zu schaffen. Manchmal gehen die Kinder in drei Gruppen nacheinander essen. Die Catering Firmen liefern nicht unbedingt die Speisen, die im Kontext einer gesundheitsbewussten Ernährung erforderlich wären. Die Geräuschkulisse ist enorm, wenn Stühle gerückt werden, Kinder umherlaufen, das Geschirr klappert und die Unterhaltungen immer lauter werden. Mit der folgenden Anregung können Sie für sich selbst und für die Kinder eine ruhige und gemütliche Atmosphäre schaffen, in der die Mittagsmahlzeit nicht zum Stressfaktor im Kita-Alltag wird.

Das Fünf-Sterne-Restaurant

Zunächst werden für jeden Tisch fünf besonders attraktive, glitzernde Sterne angefertigt, die auf dem Tisch oder an der Wand befestigt werden können. Die Kinder an einem Tisch erhalten diese Sterne jeweils als Auszeichnung für ein bestimmtes Verhalten. Die Kriterien dafür werden gemeinsam mit den Kindern festgelegt, z. B.:

- Den ersten Stern erhalten die Kinder einer Tischgruppe, wenn sie alle während des Essens relativ ruhig an ihrem Platz sitzen.
- Den zweiten Stern erhalten sie, wenn sie ruhig am Platz sitzen und leise mit Geschirr und Besteck hantieren.
- Den dritten Stern erhalten sie, wenn sie während des Essens an ihrem Platz sitzen, leise mit Geschirr und Besteck hantieren und eine Serviette benutzen.
- Den vierten Stern erhalten sie, wenn sie während des Essens am Platz sitzen, leise mit Geschirr und Besteck hantieren, eine Serviette benutzen und sich möglichst leise unterhalten.
- Den fünften Stern erhalten sie, wenn sie es schaffen neben den obigen Herausforderungen das Geschirr möglichst geräuscharm abzuräumen und den Tisch sauber zu hinterlassen.

Bildnerisch werden die Kriterien für die Überreichung der einzelnen Sterne auf einem mit den Kindern angefertigten Plakat festgehalten, damit jedes Kind eine Orientierung hat. Der Ansporn für die Kinder ist groß, sich gemeinsam darum zu bemühen, nach und nach einen Stern mehr zu bekommen. Bei der Umsetzung dieser Idee ist Folgendes zu beachten:

- Die Kinder sitzen jeden Tag am selben Tisch, für den sie die Sterne erobern können.
- Jüngere Kinder ahmen die älteren nach – eine Altersmischung an den Tischen lohnt sich.
- Das Füttern der Säuglinge übernimmt im Vorfeld bzw. zu gegebener Zeit eine Kollegin, da gerade die Kleinsten andere Zeiten haben, in denen sie das Bedürfnis nach einer Mahlzeit verspüren.
- Die Verleihung eines Sterns geht feierlich vonstatten. Die Kinder des jeweiligen Tisches bekommen Applaus und kleben oder legen den Stern auf ihren Tisch bzw. an die Wand.

Es ist für die Kinder und auch für die Erzieherin selbst eine besondere Situation, wenn der letzte Stern vergeben wird und alle Tische mit fünf Sternen ausgezeichnet sind. So kommen alle atmosphärisch in den Genuss eines Fünf-Sterne-Restaurants – welch eine Wohltat!

Geburtstag feiern einmal anders

Bis zu fünfundzwanzig Kindergeburtstage gilt es jedes Jahr in einer Kita-Gruppe zu feiern. Die Erzieherin deckt vielleicht die lange Tafel mit Unterstützung einzelner Kinder oder bereitet einen Sitzkreis vor, an dem das Geburtstagskind auf seinem Geburtstagsstuhl Platz nimmt. Das Geburtstagskind wird nach seinen Wünschen befragt: „Wer soll neben dir sitzen? Wer darf dich ins Zimmer holen?" Es werden Kerzen angezündet, ein Lied wird gesungen, das Geburtstagskind packt das Geschenk aus und dann folgt die Spielrunde. So oder so ähnlich verlaufen Geburtstagsfeiern in vielen Kitas und die meisten Kinder sind mit dem Ablauf bestens vertraut.

Geburtstag muss gefeiert werden, das steht nicht zur Debatte. Aber müssen diese Feiern wirklich immer als Gesamtgruppenereignis stattfinden? Die Erzieherin kann dem Geburtstagskind nur einen Teil ihrer Aufmerksamkeit schenken, denn im Kreis sitzen weitere Kinder, die ebenfalls ihre Aufmerksamkeit einfordern. Mittels kleiner „Störeinlagen" zeigen sie an, dass sie gesehen und beachtet werden möchten. Einige Kinder möchten vielleicht viel lieber draußen oder weiter an ihrer Baustelle spielen, andere möchten vielleicht gar nicht dabei sein. Geburtstagsfeiern sind wichtig. Doch ist ein solcher Aufwand wirklich notwendig? Ist nicht sogar manches

Kind überfordert damit, sich ein Spiel zu wünschen und dann vielleicht auch noch die Mitspieler bestimmen zu dürfen? Fühlen sich die Kinder wirklich wohl?

Die kleine Geburtstagsfeier

Wen laden Sie ein, wenn Sie Geburtstag feiern? Wählen Sie nicht ganz bewusst aus, wer auf Ihrer Feier dabei sein soll? Wie wäre es, wenn auch die Kinder selbst entscheiden dürfen, mit wem sie gerne in der Kita ihren Geburtstag feiern möchten? Wenn die Personalsituation es erlaubt, kann sich das jeweilige Kind sogar die Erzieherin aussuchen, die mitfeiern soll.

Eine kleine Feier, manchmal vielleicht nur mit drei Kindern, kann ein gelungenes „Festchen" werden. Gerade schüchterne Kinder blühen sichtlich auf und die Kollegin kann sich voll und ganz dem Ehrenkind und seinen Gästen widmen. Es spielt keine Rolle, wie lange gefeiert wird – in der Kürze liegt die Würze – auch hier kann das Kind bereits mitentscheiden. Eine gemütliche Kindergeburtstagsspielrunde, bei der alle Kinder beachtet werden können und das Geburtstagskind im Mittelpunkt steht, ist für alle Beteiligten eine Wohltat. Ein kleiner Raum dafür findet sich sicherlich und der Zeitpunkt der Feier kann sich an der Gruppensituation orientieren.

Den Eltern zu erklären, warum der Kindergeburtstag nicht mehr mit allen Kindern gefeiert wird, ist nicht immer einfach. Manche denken, ihr Kind sei nicht beliebt oder den Kolleginnen wäre es einfach zu viel, mit allen Kindern zu feiern. Sie kennen es ja schließlich noch aus ihrer eigenen Kindergartenzeit als Gesamtgruppenereignis. Wenn man aber zu Bedenken gibt, dass die Eltern selbst auch keine 25 Personen, sondern nur ausgewählte Freunde und Freundinnen zum Geburtstag einladen, wird meist klarer, was das Team damit beabsichtigt: Das Geburtstagskind soll mit seinen Bedürfnissen im Mittelpunkt stehen und zusammen mit seinen Freunden die volle Aufmerksamkeit der Erzieherin erhalten.

Hilfe, die Kollegin ist krank

Es ist ziemlich stressig, wenn die Kollegin krank und eine Erzieherin die ganze Woche allein für die gesamte Gruppe verantwortlich ist, keine Frage. Und wenn gleich noch mehrere Kolleginnen im Team fehlen, dann ist guter Rat teuer. Kann die Arbeit trotzdem noch Spaß machen? Wie kann die Erzieherin dafür sorgen, dass sie die Zeit nicht einfach nur irgendwie „rumkriegen" möchte, sondern vielleicht sogar mit Freude erlebt?

Zunächst einmal gilt es, die Situation so anzunehmen, wie sie ist, und sie nicht zu bekämpfen! Es macht keinen Sinn, sich zu ärgern, die Ursachen zu erforschen, jemanden verantwortlich zu machen oder sich über die schlechte Personalsituation zu beschweren. Stattdessen wird die Situation genutzt. Alle Beteiligten können davon profitieren, wenn eine solche Situation auch als Herausforderung für die Kinder gesehen wird und sie in die Lösung des Problems miteinbezogen werden: Hier ist eine reale Lebenssituation, in der die Kinder soziale Kompetenzen einüben können. Rücksichtnahme, Geduld, Hilfsbereitschaft und Empathie werden eingefordert. Es lohnt sich, die Kinder der Gruppe dafür zu sensibilisieren, dass in den Tagen, an denen die Kollegin krank ist, alles ein bisschen anders läuft – gute Zeiten, um ein partnerschaftliches Zusammenleben zu erproben.

Die Kinder-Assistenten

Anstatt sich abzumühen, den Alltag möglichst auch alleine so zu meistern wie mit Kollegin, nutzt die Erzieherin die Kompetenzen der angehenden Schulkinder: Sie werden zu Kinder-Assistenten. Da warten der Bastel- und Maltisch, die betreut werden müssen, ebenso wie der Frühstückstisch. Da gibt es den Geschichtenassistenten oder das Schulkind, das den jüngeren Kindern beim An- und Auskleiden behilflich ist. Die Erzieherin stellt gemeinsam mit den Schulkindern den Erste-Hilfe-Plan zusammen. Ganz konkret ist hier aufgelistet, welche Aufgaben zur jeweiligen Assistenz gehören, z. B.:

- Materialien wie Stifte, Malblätter und Bastelutensilien liegen bereit. Wir helfen beim Schneiden und Kleben, wenn andere Kinder unsere Hilfe brauchen. Wir achten darauf, dass die Kinder ihren Platz aufgeräumt verlassen, damit andere Kinder auch dort basteln können.

- Wir schauen zwischendurch immer mal wieder, ob alles noch ordentlich ist. Wir helfen den anderen Kindern beim Aufräumen auf und unter dem Tisch.

Damit die anderen Kinder der Gruppe erkennen, wer als Assistent aktiv ist, tragen diese ein farbiges Tuch um den Hals. Zu zweit macht die ganze Sache dann natürlich noch mehr Spaß. Erfahrungen zeigen: Die Assistenten selbst sind voller Stolz. Sie übernehmen eine besondere Verantwortung und tragen den Titel mit Ehrfurcht. Im Erste-Hilfe-Plan ist dann auch jederzeit ablesbar, wer in welchen Bereichen schon mal assistiert hat. Natürlich berücksichtigt die Erzieherin die Wünsche der Kinder, in welchem Bereich sie sich ausprobieren möchten, und selbstverständlich ist alles freiwillig.

Am Ende des Tages gibt es eine „echte" Besprechung des Assistenten-Teams. Hier tauschen sich die jüngsten Assistenten mit der Erzieherin darüber aus, wie der Tag gelaufen ist, und natürlich trinkt man dabei auch Orangensaft. Die Wertschätzung, die die Kinder auf diese Weise erfahren, bestärkt sie in ihrem Tun, macht sie selbstsicher und lässt die Freude auf den nächsten Einsatz wachsen. Überprüfen Sie selbst, inwieweit eine Kinder-Assistenz nicht auch die beste Vorbereitung auf die Schule ist – und zwar nicht mittels initiierter Bildungsprogramme, sondern mitten im Alltag.

Mit Gewohnheiten brechen – der ver-rückte Tag

Kinder brauchen Rituale. Sie geben ihnen Orientierung, Halt und Sicherheit – und sie brauchen auch genau das Gegenteil, nämlich Situationen, die sie herausfordern, die ihrer Spontaneität, ihrer Neugierde und ihrem unbändigen Wissendrang entsprechen. Auch die Erzieherin profitiert vom Experimentieren mit den ganz normalen Dingen des Alltags. Ver-rücken Sie doch einfach einmal den Tag oder einen Teil des Tages! Machen Sie einfach einmal etwas ganz anders, als es üblich ist.

Ein Tag ohne Telefon

Das Telefon in der Kita steht nicht still. Die ersten Anrufe werden gleich früh morgens entgegengenommen, wenn Frau Schulte ihr Kind abmeldet und Herr Kaiser von der Firma Spielzeugtraum einen Termin vereinbaren möchte. Die Leiterin im Büro greift selbst aus den unterschiedlichsten Gründen mehrmals am Tag zum Telefon. Hin und wieder wird das Telefon dann auch an die Erzieherin in der Gruppe weitergereicht. Die Störquelle Telefon ist in vielen Kitas Thema.

Drehen Sie den Spieß doch einmal um! Übernehmen Sie das Regiment und bestimmen Sie, dass es heute einmal nicht klingelt:

- Stellen Sie es sich zunächst im Vorfeld vor: Wie verläuft ein Tag ohne Telefon? Niemand kann Sie erreichen, das ist nicht problematisch, oder? Wie fühlt sich das an, so ganz ohne Außenkontakte? Haben Sie dadurch vielleicht mehr Muße für die Kinder?
- Eltern und Träger werden im Vorfeld darüber informiert.
- Sprechen Sie dann einen passenden Text auf den Anrufbeantworter: „Heute ist unser telefonfreier Tag! Wir sind ganz für die Kinder da und werden so nicht gestört. Bitte haben Sie Verständnis. Danke. Morgen sind wir wieder für Sie da."
- Das Telefon wird nur im Notfall benutzt!
- Wichtig. Stellen Sie den Anrufbeantworter so ein, dass nach dem Abhören Ihrer Nachricht niemand auf das Band sprechen kann. Seien Sie unbesorgt. Am nächsten Tag werden Sie nicht mehr und nicht weniger Telefonanrufe erreichen, als sonst auch.

Ein Tag ohne Uhr

Wie oft schauen Sie auf die Uhr? Der gesamte Kita-Tag ist einem Zeitplan unterworfen. Das Frühstück soll möglichst um 10.00 Uhr beendet sein. Das Tanzprojekt beginnt um 10.15 Uhr und die erste Gruppe tritt um 10.15 Uhr zur Sprachförderung an. Oh, noch eine Stunde, dann wird es Zeit für die Vorlese-Oma und die Vorbereitungen für das Mittagessen.

Stellen Sie sich vor, es gibt keine Uhr und niemand gibt einen Zeitplan vor? Erzieherinnen und Kinder spielen so viel sie möchten. Wer Hunger verspürt, setzt sich an den Tisch und isst etwas. Für diesen Tag ist ein Buffet für Frühstück und Mittagessen aufgebaut, an dem sich jeder dann bedient, wenn er es möchte. Die Kinder bestimmen was, wie lange und mit wem sie spielen. Es gibt an diesem Tag keine Termine, die eingehalten werden müssen. Die Erzieherinnen sind ganz für die Kinder da und kommen endlich einmal in den Genuss ungestörter Beziehungsmomente mit den Kindern. Ist es nicht gerade das, was auch Sie so sehr einfordern, die Begegnungen mit den Kindern, frei von Ansprüchen, zeitlichen Vorgaben, von Projekten und Förderprogrammen?

Erlauben Sie sich und den Kindern zwischendurch solche Tage! Decken Sie alle Wanduhren ab, tragen Sie keine Armbanduhr. Lassen Sie sich mit den Kindern darauf ein, Ihrem eigenen Gefühl zu folgen. Allein die Leiterin trägt eine Uhr. Sie hat damit einen Überblick über die Bring- und Abholzeiten, um die Eingangstür zu bedienen.

Ein Tag ohne Erzieherin

Kinder lieben Rollenspiele und mögen es ganz besonders, einmal in die Rolle der Erzieherin zu schlüpfen. Tauschen Sie Ihre Rolle mit zwei oder drei Kindern und erleben Sie selbst, wie herrlich es doch als „Kind" sein kann. Vielleicht ärgern Sie sich auch mal so richtig, vielleicht fragen Sie die „Erzieherin", ob Sie dieses oder jenes dürfen, und vielleicht beschweren Sie sich ja auch über Ihren Spielpartner. Alles ist möglich! Erleben Sie aber auch, wie Kinder in der Rolle der Erzieherin agieren. Eines sei Ihnen bewusst: Kinder spiegeln Sie und Ihre Verhaltenweisen. Wie wunderbar, wenn Sie dann über sich selbst schmunzeln können. Selbstverständlich unterstützen Sie die Kinder zwischendurch, sobald diese Ihre Hilfe benötigen.

Der Kita-Tausch

Suchen Sie Kontakt zu einer Kita in Ihrer Umgebung und loten Sie aus, ob Sie mit den Kolleginnen auf einer Wellenlänge liegen. Wenn die Kontakte eine Kooperation zulassen, tauschen Sie einmal für einen Vormittag die Kita. Gehen Sie mit Ihrer Gruppe in die Partner-Kita. Sie entdecken neue

Räume, sind selbst Lernende und Überraschte und finden neue Impulse für sich und Ihre Kita.

Raumgestaltung – Platz ist in der kleinsten Hütte

Puppenecke, Bauspielraum, Malbereich, Frühstückstisch, Experimentierecke und weitere Spielbereiche sollen in den Gruppenräumen dafür sorgen, dass Kinder möglichst viele Spielimpulse bekommen. Neu gebaute Kitas sind heute entsprechend großzügig geplant. Doch viele ältere Einrichtungen bieten mit schmalen Fluren und fehlenden Ausweichräumen wenig Raum für eine angemessene Raumgestaltung. Da wird immer mal wieder umgeräumt und der Bauspielbereich zum Experimentierraum, die Verkleidungsecke zum Atelier, der Lesebereich zur Kuschelecke und die Büronische zum Theater. Erzieherinnen setzen so hin und wieder neue Blickpunkte und Akzente.

Spiele-Koffer statt Ecken

Spiele- oder Themen-Koffer können insbesondere für kleinere Kitas eine große Arbeitserleichterung darstellen. Wie wunderbar, wenn die Erzieherin wie bei einem Arztkoffer alles gepackt hat und nichts zusammensuchen muss. So stehen ihr Spielideen als Impuls für die Kinder jederzeit zur Verfügung. Und die Kinder können die Koffer selbsttätig nutzen. Sie finden in einem Koffer alles, was sie für ihr Spiel benötigen. Und nach Beendigung des Spiels wird der Koffer einfach wieder gepackt.

Sammeln Sie mit Hilfe der Eltern Koffer in unterschiedlicher Größe sowie alles, was Sie für die jeweiligen Themen benötigen, z. B.:

- Piratenkoffer: Augenbinde, Kopftuch, Fernrohr, Schatzkiste, Schatzkarte
- Orientkoffer: Tücher, orientalische Musik-CD, Perlen, Schmuck
- Postkoffer: Schreibmaterialien, Stempel, Stempelkissen, Briefumschläge, Postkarten, Schreibzeug, Klebemarken
- Weihnachtskoffer: Glimmer, Gold- und Silberpapiere, Klebestifte, Weihnachtsgeschenkpapiere, Schleifenbänder, Engelsflügel
- Arztkoffer: Pflaster, Stethoskop, Mullbinden, Augenklappe

- Verkleidungskoffer: große und kleine Tücher, Klebeband, Hüte, Handschuhe, Taschen, Sonnenbrillen.

Vergessen Sie nicht, ab und zu die Koffer zu überprüfen und fehlende Utensilien zu ergänzen.

3.
Traumerzieherinnen – vom guten Umgang miteinander

3.1 Ein motiviertes Team

Der Begriff Motivation leitet sich vom lateinischen „movere" (bewegen) ab. Dabei werden innere (intrinsische) und äußere (extrinsische) Beweggründe unterschieden, die Menschen zu bestimmten Verhaltensweisen veranlassen. (Vgl. Vollmer 2008: 68ff.). Laut Wikipedia bezeichnet „der Begriff intrinsische Motivation (...) das Bestreben, etwas um seiner selbst willen zu tun (weil es einfach Spaß macht, Interessen befriedigt oder eine Herausforderung darstellt). Bei der extrinsischen Motivation steht dagegen der Wunsch im Vordergrund, bestimmte Leistungen zu erbringen, weil man sich davon einen Vorteil (Belohnung) verspricht oder Nachteile (Bestrafung) vermeiden möchte" (http://de.wikipedia.org/wiki/Motivation).

Beispiel: Anke

Anke singt privat in einem Popchor. Sie hat die Idee, mit einigen Sängerinnen des Chors und den Kindern ihrer Gruppe in der Kita Musik zu machen. Sie holt sich das Okay ihrer Leiterin und freut sich über die Zusagen ihrer Chorfreundinnen. Anke zeigt den Kindern Fotos von Chorauftritten und kündigt ihre Mitsängerinnen an. Die Vorfreude ist Anke in dieser Planungsphase anzumerken, gerne erteilt sie ihren Kolleginnen Auskunft über die Musikeinheit. Als die Kinder und die Sängerinnen dann tatsächlich eine ganze Stunde lang zusammen singen, klatschen, pfeifen und tanzen, vergeht die Zeit für die bunte Gruppe aus Erwachsenen und Kindern wie im Flug. Anke geht dabei ganz in der Gruppe und im Tun auf. Anke bezog ihre Motivation aus sich selbst heraus und der Erfolg der Aktion bestätigte sie, das Richtige getan zu haben.

Beispiel: Silke und ihr Team

Als eine Kollegin erkrankt ist, bietet Silke an, deren Spätdienst zu überneh-men. Damit „erweist" sie sich als teamfähig und hilfsbereit und darf hoffen, dass ihr Team sich darüber freut. Gemeinsam organisiert das Team ein Som-merfest, obschon es einigen Kolleginnen lieber gewesen wäre, mal ein Jahr ohne großes Fest zu verbringen. Das Team stellt die Freude der Kinder bei den Festvorbereitungen und beim Fest selbst über seine eigenen Interessen.

Reinhard Sprenger wies bereits in den 1990er Jahren auf den menschli-chen Irrglauben hin, ein Arbeitnehmer ließe sich dauerhaft extrinsisch motivieren, sehr gute Arbeitsleistungen abzuliefern (Vgl. Sprenge 1991). Weder finanzielle noch organisatorische Anreize vermögen fehlenden Ei-genantrieb zu kompensieren. Gelingt es einer Kita-Leiterin mit ihrem Team, sich über die jeweiligen Motivatoren klar zu werden und dabei ak-tuelle Veränderungen einzubeziehen, kann sich eine langfristige intrinsi-sche Team-Motivation herausbilden – und damit eine positive Grundhal-tung dem Arbeitsplatz gegenüber.

Eine positive Grundhaltung schaffen

Soll ein Team intrinsisch motiviert sein, ist es wichtig, der Prozesshaftig-keit ausreichend Raum und Zeit zu geben: Alle Menschen, die in einer Kita arbeiten, entwickeln sich; sie durchleben Beziehungen und machen jeden Tag unterschiedliche Erfahrungen. Konflikte ergeben sich im Alltag, und Erkrankungen oder negative Erlebnisse beeinflussen die Motivations-lage ebenso wie das individuelle Streben nach Glück und Heimat.

Erzieherinnen sind im Job in ihrer gesamten Persönlichkeit gefordert, sie müssen rasch zwischen den Kontakten mit Kindern und Erwachsenen wechseln oder sind Multitasking-Situationen ausgesetzt. Da läuten Telefon und Türklingel parallel, zudem steht eine Kollegin mit einer Frage im Tür-rahmen und gerade dann kippt auch noch der Wischeimer neben dem Esstisch in der Gruppe um. Die Erzieherin entscheidet in Bruchteilen von Sekunden, wie sie mit dieser Situation am besten umgeht.

Ein verständnisvolles Wort der Kollegin, die ihre Frage verschiebt und stattdessen den Eimer aufhebt, ein Telefon, das einfach nicht abgenommen wird, ein Lieferant, der zwei Minuten vor verschlossener Tür warten muss – und am besten noch eine Tasse Tee zur Beruhigung – all das kann hilfreich sein, die zentrale Motivation von Erzieherinnen freizulegen: Als Erzieherin arbeite ich nicht alleine! Ich bin Teil eines Teams. Ich kann einzelne Bereiche übernehmen, darf aber ebenso sagen, wenn es mir zu viel wird. Ich darf um Hilfe rufen und ich darf Hilfe annehmen.

Multitasking, also die Beschäftigung mit mehreren Tätigkeiten gleichzeitig, macht auf die Dauer krank. Es ist an Ihnen selbst, die Reißleine zu ziehen und sich wieder Ihrer ureigensten intrinsischen Motivation zuzuwenden: Sie möchten mit Menschen zusammenarbeiten, die genau wie Sie gerne mit Kindern zusammen sind. Sagen Sie „stopp" zu sich selbst, zu Ihrem Team, zu den Eltern und zum Träger der Einrichtung und stellen Sie die Frage in den Vordergrund, was Sie im Alltag mit den Kindern und Kolleginnen erleben möchten!

Die Rolle der Leiterin

Erzieherinnen sehen sich vielen Ansprüchen seitens der Gesellschaft, Politik, des Arbeitgebers und der Eltern gegenüber und sind bestrebt, all die unterschiedlichen Anforderungen zu erfüllen und den Druck, den sie verspüren, nicht an die Kinder in ihrer Kita weiterzugeben. Der Leiterin einer Kita geht es nicht anders. Sie ist u.a. zuständig für die Umsetzung von Dienstanweisungen, die Verwaltung der Einrichtung, die wirtschaftliche Leitung, die Netzwerkarbeit, für diverse Kooperationen u.a. mit Grundschulen und der Elternschaft sowie für die konzeptionelle Arbeit. Häufig fungiert sie als eine Art „Puffer" zwischen Träger und Kita-Team. Eine ganz besondere Aufgabe kommt ihr jedoch hinsichtlich des Teams zu. Hier kann sie entscheidend zu einer guten Entwicklung beitragen (siehe auch Kapitel 1.3).

Eine gute Leiterin kennt ihr Team, sie nimmt sich Zeit für die Kolleginnen und begleitet sie auf ihrem Weg in der Kita. Sie mag ihre Kolleginnen und arbeitet gerne mit ihnen. Eine wirklich gute Leiterin geht, wenn sie nicht mehr am richtigen Ort ist – und sie übernimmt Verantwortung, jedoch in erster Linie für sich selbst. Sie hinterfragt ihre Position, sie nimmt sich Zeit zur Reflexion, sie ist selbst Teil des Teams und stellt ihre Fertigkeiten in den Dienst des Teams. Die im Folgenden beschriebenen Team-Sitzungen verlaufen etwas anders als üblich. Sie wollen zu einer positiven Team-Entwicklung beitragen und Erzieherinnen und Leiterinnen dazu anregen, die „Welt" einmal etwas anders zu sehen.

Team-Sitzungen einmal anders

Team-Sitzung ist angesagt. Alle sitzen um den Tisch herum, jede Erzieherin wie immer auf ihrem Lieblings- oder auch Stammplatz: immer der gleiche Blickwinkel, die gleiche Nachbarin und gegenüber die gleiche Kollegin. Auch der Ablauf der Sitzung ist allen vertraut: Top für Top wird abgearbeitet, mal wird ernsthaft diskutiert, mal gelacht, mal gegähnt und mal dem Ärger Luft gemacht. Trauen Sie sich, auch hier einmal Gewohnheiten zu durchbrechen und so für neue Impulse zu sorgen, z. B.:

- „Bäumchen wechsle sich" – bitten Sie eine Kollegin, mittels Namenskarten eine andere Sitzordnung festzulegen. Diese Aktion regt zum Nachdenken an und sorgt für Veränderung.
- Sie sitzen rund um den Tisch und erzählen nicht reihum, sondern immer diejenige, die mit ihrem Part fertig ist, bestimmt die nächste Rednerin. Das hält den Aufmerksamkeitspegel hoch und erhöht die Spannung.
- Welche Tops sind wirklich wichtig? Könnte Einiges einfach als Info verteilt werden, damit Zeit für Wesentliches bleibt? Legen Sie nicht mehr als fünf bis acht Tops fest.
- Die Kolleginnen gehen in Zweiergruppen durch ihre Kita und erzählen sich, wie für sie die Zeit seit der vergangenen Dienstbesprechung war. Es sollen aber nur angenehme Dinge genannt werden und keine Ärgernisse (Schulung des positiven Blicks). Sie werden sehen, die Kolleginnen sind erleichtert über die Möglichkeit zu Bewegung und einem Austausch im Klein-Team.
- Jede Kollegin erhält eine leere Karte pro Team-Mitglied und zieht sich zur Einzelarbeit zurück. Nun schreibt sie für jede Kollegin eine Eigenschaft oder einen Eindruck auf die Karte, die sie an dieser Person positiv findet. Eigenschaften wie ein übersteigertes Pflichtgefühl können so als „sicherheitsbewusst" oder „sehr zuverlässig" den positiven Aspekt von Pflichtgefühl hervorheben. Dies schult die Wahrnehmung

von positiven Eigenschaftszuschreibungen im Team; bei ausreichend Zeit zum Nachdenken fällt jeder Kollegin etwas Angenehmes zu jedem Team-Mitglied ein.

- Eine Kollegin mit einer Zusatzqualifikation z. B. im Bereich Entspannung gestaltet eine Einheit mit einer Entspannungsübung für das Team. Die Leiterin kann sich zurücklehnen und die Führung abgeben, zudem werden Ressourcen im Team genutzt. Die Kollegin kann ein Erfolgserlebnis für sich verbuchen.
- In einer Team-Sitzung zeigt die Leiterin einen Film mittels Leinwand und Beamer, z. B. zum Thema „Inklusion". Sie gibt einige Anregungen, worauf die Zuschauerinnen besonders achten sollen, anschließend wird über den Film gesprochen. Das Filmanschauen verschafft dem Team ein gemeinschaftliches Erlebnis, ohne dass dafür ein Extratermin in einem Kino gefunden werden muss.
- Die Team-Mitglieder erhalten eine schriftliche Einladungskarte zur nächsten Team-Sitzung. Sie sollen bequeme Kleidung anziehen und ein paar Euro bereithalten. Am Tag X überraschen Sie dann Ihr Team mit reservierten Bowlingbahnen im örtlichen Bowlingcenter. Jeder Leiterin obliegt es, für solche Aktionen Geldquellen zu gewinnen (z. B. Etat, Spenden, Gemeinde), denn zumindest ein Teil der entstehenden Kosten sollte nicht am Team hängen bleiben. Das Team-Bowlen wird unter Gelächter und Bewegung ein lustiges, atypisches Team-Event und ist selbstverständlich Arbeitszeit.

Planungstag mit Kuscheltier

An einem Planungstag bringen alle Kolleginnen einen besonderen Gegenstand von zu Hause mit, der mit schönen Erinnerungen oder Zuschreibungen verbunden ist wie ein Kuscheltier oder ein Buch, ein Fotoalbum oder ein Kissen. Die Gegenstände sollen für die anderen zunächst nicht sichtbar sein und werden in einem separaten Raum unter einer Decke versteckt abgelegt. Später sitzt das Team in einer Runde um diese Decke herum und beschreibt seinen jeweiligen Gegenstand: „Meinen Gegenstand habe ich als Kind gerne mit in mein Bett genommen" oder „Mein Gegenstand wurde mir von meinen Großeltern geschenkt" oder „Meinen Gegenstand habe ich auf einer Wanderung gefunden". Alle hören einander zu und versuchen, sich die Einzelheiten einzuprägen. Danach wird die Decke gelüftet und jeder sucht sich einen der Gegenstände aus, beschreibt ihn und mutmaßt, wem er wohl gehören könnte. Eine Verbindung von Privatem und Beruflichem wird ermöglicht. Gleichzeitig ist freudige Spannung im Vorfeld garantiert, da sich die Team-Mitglieder fragen, was wohl mit den Gegenständen gemacht wird.

Die unerwartete Alternative

Eine Team-Sitzung mit anstrengenden Themen steht an. Es gilt, über Kommunikationsprobleme zu sprechen, mangelnde Absprachen zu reflektieren, Termine zu suchen für Feste, Elternabende und Elterngespräche sowie Elternbeschwerden zu diskutieren. Die Stimmung im Team ist seit einiger Zeit etwas angespannt. Es geht auf die Sommerferien zu und alle sehnen die freie Zeit ohne Kita-Alltag sehnlichst herbei. Die Tagesordnungspunkte versprechen eine langwierige und anstrengende Dienstbesprechung.

Statt nun die Punkte der Reihe nach abzuarbeiten und im Anschluss kaputt nach Hause zu gehen, überlegt sich die Leiterin eine Alternative: Sie bespricht mit einer Kollegin, was sie für die Sitzung vorbereiten können, um dem Team etwas Gutes zu tun. Ihre Stimmung steigt merklich beim Planen einer Überraschung für die Kolleginnen, insofern tun sie sich selbst auch etwas Gutes. Sie verständigen sich auf ein spontanes französisches Buffet aus dem nahen Supermarkt mit Baguettes, französischen Käsesorten, Weintrauben und Servietten in den französischen National-

farben. Alles wird appetitlich angerichtet, die Kolleginnen werden mit einer kurze Ansprache der beiden Organisatorinnen zu diesem Imbiss einladen und dazu aufgefordert, die gemeinsame Lebenszeit der folgenden Stunde einfach nur zu genießen. Für die Tagesordnungspunkte setzen sie eine zeitliche Eingrenzung von ebenfalls einer Stunde, dann räumt man gemeinschaftlich auf.

Die Kolleginnen werden sehr angenehm überrascht sein, die Zeit des Genusses wird als Dienstzeit angerechnet, es kommt zu netten Gesprächen, es wird miteinander gelacht und die Themen werden zügiger als üblich abgehandelt. Das Unangenehme rückt in den Hintergrund und weicht den schönen Dingen des Lebens, ohne einfach unter den Teppich gekehrt zu werden. Die Finanzierung der Lebensmittel verbucht die Leiterin über den Etat der Kita unter „Mitarbeitermotivation".

3.2. Mit negativen Stimmungen im Team umgehen

Oftmals unbewusst registrieren wir im alltäglichen Umgang miteinander oder bereits beim Betreten der Kita, welche Atmosphäre gerade vorherrschend ist. Haben sich Kolleginnen für den Tag krank gemeldet und droht so ein personeller Engpass? Gab es bereits eine Elternbeschwerde, über die man sich geärgert hat? Klingelt schon beim Reinkommen und Tascheablegen in einer Tour das Kita-Telefon? Steht schon wieder *vor* sieben Uhr die erste Mutter mit ihrem Kind vor der Tür? Sitzen in einem Gruppenraum Kolleginnen zusammen und beklagen sich über etwas oder unterhalten sich über die neusten Angebote im Supermarkt oder ihre Erkältung, die einfach nicht weggehen will, während die ersten Kinder mehr oder weniger sich selbst überlassen sind?

Was kann ich tun, wenn ich mich von negativen Stimmungen im Team nicht anstecken lassen möchte? Wie reagiere ich angemessen, wenn ich selbst gut drauf bin und ich mich auf die Arbeit mit den Kindern freue? Wie kann ich meinem Wunsch nach motivierten Kolleginnen und einer positiven Grundstimmung im Arbeitsalltag am besten Ausdruck verleihen – und zwar, ohne dass es mich unbeliebt macht oder mich ins Abseits drängt?

Kritik zu äußern, birgt immer Risiken, dessen sollten wir uns bewusst sein.

Kritik zu äußern und mit Kritik umzugehen, gehört mit zum Schwierigsten im zwischenmenschlichen Umgang. Wir haben während unserer Sozialisation in Familie, Bildungsinstitutionen und sozialem Umfeld nur unzureichend gelernt, Kritik als gewinnbringend oder gar wohlwollend zu bewerten, sondern empfinden sie meist als schmachvoll und verletzend. Drum haben wir verschiedene Strategien entwickelt, um Kritik aus dem Weg zu gehen und Unstimmigkeiten zu vermeiden.

Die im Folgenden vorgestellten Strategien stellen einen Auszug möglicher Handlungsweisen dar, wie man auf negative Stimmungen in einem Kita-Team reagieren kann bzw. wie man selbst die Team-Stimmung mit beeinflusst. Sich selbst klar zu machen, dass es viele Möglichkeiten gibt, wie man sich im Team verhalten kann, gibt einer Erzieherin das nötige Handwerkszeug auf dem Weg zur eigenen Berufsidentität mit. Als Team-Mitglied hat sie selbst die Wahl unter ganz unterschiedlichen Strategien, darf variieren und ausprobieren. Sie kann durch die Beobachtung der Kolleginnen deren Muster erkennen und mit ihnen darüber sprechen. Und sie darf sich Rückmeldung einholen: „Wie seht ihr mich denn? Was wünscht ihr euch von mir?"

Strategie der Harmonisierung

Mit dieser Strategie werden Unstimmigkeiten gänzlich friedfertig, liebevoll, lächelnd und freundlich und zu aller Wohlbefinden ausgehandelt, scheinbar jedenfalls! Wir setzen uns zu den Kolleginnen, hören uns ihre diversen Zipperlein an, geben ihnen Recht („Unverschämt von Frau Hotte, immer schon *vor* sieben Uhr vor der Tür zu stehen, echt!"), rollen wie die anderen beim nächsten Telefonklingeln mit den Augen oder finden es auch mehr als bedenklich, wie viele Kolleginnen heute fehlen und uns im Stich lassen. Auch wenn diese natürlich nichts dafür können, wenn uns ständig kranke Kinder in die Kita gebracht werden.

Vielleicht gelingt es der intrinsisch motivierten Kollegin trotzdem, ihre Arbeitsfreude mit den Kindern und in Aktionen mit ihnen auszuleben. Ihren Kolleginnen gegenüber wählt sie aber den Weg des geringsten Widerstands, indem sie sich an deren Verhalten und Einstellungen in der Arbeitsauffassung orientiert. „Um des lieben Friedens willens" tauscht sie ein strahlendes Lächeln und freudiges „Guten Morgen" in die Runde gegen ein leises „Hallo" und schmallippiges Grinsen. Die eigentlich gut gelaunte und motivierte Kollegin passt sich an ihre Kolleginnen an; das Team erscheint als in sich stimmiges Gefüge.

Strategie der Solidarisierung

Vor allem in größeren Teams kommt es leicht zur Grüppchenbildung. Es finden sich einzelne Team-Mitglieder mit ähnlichen Interessen und Einstellungen zu Untergruppen zusammen. Meist suchen die Gruppenmitglieder untereinander Nähe und Bestätigung und gehen anderen Gruppen aus dem Weg. Lediglich bei gemeinsamen Team-Sitzungen oder Veranstaltungen müssen sich die Gruppen unter Führung der Leiterin „zusammenraufen".

Sehr engagierte Erzieherinnen bleiben hier meist unter sich. Sie entziehen sich den Wehklagen und Demotivationstiraden von Kolleginnen durch die Flucht nach vorne: Sie planen Projekte miteinander, übernehmen bereitwillig die Vorschularbeit, die Bewegungs- und Musikangebote. Sie beobachten lieber die Kinder, sind deren aktive Spielpartnerinnen und haben erkennbar keine Zeit für Privatgespräche. Sie suchen aktiv nach Möglichkeiten, mit Gleichgesinnten ihren Arbeitseifer und ihr kreatives Potenzial auszuschöpfen, ohne sich an negativ eingestellten, desillusionierten Kolleginnen zu orientieren, aber auch ohne diese direkt auf ihre Arbeitshaltung anzusprechen. Diese Kontaktvermeidung bleibt für die Kinder und Eltern zumeist nicht unentdeckt und so suchen Kinder und Eltern gerne das Zusammensein mit jenen Erzieherinnen, die sich Zeit für sie nehmen und sichtlich gerne ihren Beruf ausüben.

Zwischen solchen Gruppierungen kann es zu erheblichen Spannungen kommen. Neid, Missverständnisse und Konkurrenzdenken können hier fatale Auswirkungen auf ein Gesamtteam haben, weswegen eine gute Leiterin um die einzelnen Grüppchen wissen sollte, um gegebenenfalls Schritte der Annäherung oder Friedensstiftung einleiten zu können.

Strategie der Rebellion

Dieses Phänomen kommt selten vor, kann aber regelrechter Zündstoff für ein Team sein. Denn die Strategie der Rebellin inkludiert die Aufdeckung latenter Konflikte innerhalb eines Teams. Zumeist ist es eine Kollegin, die neu zu einem bestehenden Team stößt, das bisherige Gefüge zunächst einmal unter die Lupe nimmt und für sich analysiert. Sie deckt Schwachstellen auf, erkennt nicht ausgesprochene Kritikpunkte, sucht den Austausch mit allen Team-Mitgliedern und verschafft sich einen Gesamteindruck über die Teamfähigkeiten der einzelnen Kolleginnen. Sie ist nicht bereit, sich einfach einem bestehenden System unterzuordnen, sondern möchte eigene Ideen einbringen dürfen und ein aktiver Teil der Gemeinschaft werden. Für sie sind Regeln nicht in erster Linie dazu da, eingehalten zu werden, sie sucht den kritischen Diskurs, hinterfragt Althergebrachtes und kann so richtig „nerven" mit ihren Fragen, warum die Dinge in der Kita so oder so gehandhabt werden. Unermüdlich sucht sie nach neuen Lösungsmöglichkeiten für Probleme, unnachgiebig beharrt sie darauf, den Kindern Vorbild zu sein im Umgang mit Konflikten. Sie hat die Gabe, alle Team-Mitglieder zum Nachdenken anzuregen. Ihr Engagement geht über ihre eigenen Interessen hinaus, es zielt auf eine Optimierung von Arbeitsleistung und Arbeitsfreude zugleich.

Wählt eine Kollegin die Strategie der Rebellion, läuft sie Gefahr, von allen Grüppchen im Team gemieden zu werden. Für die Leiterin besteht hier die Herausforderung, die Potenziale der Rebellin gewinnbringend für die Einrichtung einzusetzen. Erkennt das Team eine wertschätzende Haltung der Leiterin für die Kritikfreude der Rebellin, kann es sich sicher sein, dass Veränderungen und Neuerungen in der Kita möglich und erwünscht sind. Grenzt die Leiterin die Rebellin aus oder verweist sie in ihre Grenzen, kann das Team dies als Zeichen der Unveränderbarkeit der Kita deuten.

Strategie der Mediation

Als Mediatorin wird es sich die Kollegin zur Aufgabe machen, Konflikte im Team durch Schlichtungsversuche zu lösen. Sie nimmt Disharmonien wahr, ist sensibel für die unterschiedlichen Bedürfnisse der einzelnen Kolleginnen und glaubt fest an ein Miteinander ohne Ausgrenzung. Die Strategie der Mediatorin führt zumeist zu breiter Anerkennung bei allen Untergruppen eines Teams, die Mediatorin wird allgemein respektiert und bei heiklen Situationen zu Rate gezogen. Allerdings kann diese Strategie sehr kräftezehrend sein und beinahe schon therapeutische Züge annehmen, sofern eine professionelle Abgrenzung nicht gelingt.

Kolleginnen mit wenig Eigenmotivation versucht die Mediatorin immer wieder aufs Neue aufzurichten. Sie zeigt Wege auf, wieder mit mehr Freude an die tägliche Arbeit zu gehen. Sie wird an vergangene schöne Erlebnisse erinnern, Erfolge aufzeigen, loben und bestärken. Sie nimmt sich Zeit für Gespräche, ist eine gute Zuhörerin und nimmt sich selbst und ihre Bedürfnisse nicht wichtiger als die ihres Gegenübers. Sie zeichnet sich durch Geduld und Einfühlungsvermögen aus und beschwichtigt so manchen ausufernden Disput unter Kolleginnen. Sie ist bestens über die aktuellen Befindlichkeiten der Team-Mitglieder informiert. „Mit ein wenig gutem Willen", so scheint ihr Lebensmotto zu sein, „können wir alle zusammen gute Arbeit leisten *und* dabei zufrieden und gesund bleiben".

Strategie des inneren Rückzugs

Hat eine Kollegin in ihrem Beruf – im Umgang mit den Kolleginnen, den Eltern oder den Kindern – resigniert, kann sie mit einem inneren Rückzug versuchen, die Gesamtsituation für sich selbst einigermaßen erträglich zu machen. Sie bemüht sich, unsichtbar zu sein, vermeidet jede Auseinandersetzung, rettet sich in freie Tage, Wochenenden und Ferien. Fast jede Erzieherin in Deutschland gerät im Laufe ihrer Berufstätigkeit an die Grenzen der Belastbarkeit. Erkrankungen an Seele und Körper sind ständige Wegbegleiter für viele Menschen in sozialen Berufen. Hier gilt es, als Kollegin oder als Leiterin besonders genau und empathisch am Arbeitsalltag der Kolleginnen teilzuhaben. Mauern, die zum Selbstschutz vor Überforderung aufgebaut werden, lassen sich durch einfühlsame Hinwendung („Ich schätze dich, ich möchte wissen, wie es dir geht") auch wieder abtragen. Keine Erzieherin erlernt diesen schönen Beruf ohne Eigenmotivation. Wenn also Arbeitsfreude und Engagement einer desinteressierten und passiven Vermeidungshaltung weichen, so sollte genau auf die Rahmenbedingungen geschaut werden. Manchmal lassen sich durch einfache Maßnahmen wie einem Gruppenwechsel, einer neuen Kollegin in der Gruppe, einer Veränderung des Dienstplans oder auch der Erlaubnis, das eigene Kind mitzubringen, alte Muster durchbrechen und neue Motivationen freisetzen.

„Man nehme: ein wenig Mut, eine Prise gute Gedanken, ein paar Gramm neue Ideen und eine Kleinigkeit Muse zum Nachdenken ... - und fertig ist ein bunter Mix für Veränderung."

3.3 Als Team durch den Kita-Alltag

Der Kita-Alltag hält viele Herausforderungen in den unterschiedlichsten Bereichen bereit, nicht nur für jede einzelne Erzieherin, sondern auch für das Team. Die folgenden Anregungen greifen einige typische Situationen auf und laden Sie zu einer etwas anderen Herangehensweise ein.

Kontaktpflege am Morgen

In vielen Kitas gestalten sich die allmorgendlichen ersten Kontakte von Erzieherinnen ähnlich: Es treffen einzelne Kinder ein, Kaffee und Tee werden gekocht und man plaudert über Belanglosigkeiten ebenso wie über kleinere und größere Sorgen. Es dauert nicht lange, bis die Kindergruppe größer geworden ist und sich schließlich alle in ihre Gruppenräume verteilen. Es bleibt wenig Zeit zum gemeinsamen Austausch und um Absprachen zu treffen, allein schon deshalb, weil einige Kolleginnen ihren Dienst erst später antreten. Manchmal kommt es zu Missverständnissen, weil nicht alle wichtigen Infos an alle Team-Mitglieder weitergegeben wurden.

In vielen Kitas treffen sich die Kinder jeden Morgen im Morgenkreis, um sich über das Wichtigste auszutauschen. Das tut gut! Das komplette Team der Erzieherinnen trifft sich dagegen meistens nur einmal im Monat zur Team-Sitzung. Doch es gilt, sich jeden Tag über Wichtiges und Unvorhersehbares auszutauschen. Warum also nicht auch für die Erwachsenen ein Morgenritual erfinden?

Die Morgenrunde für die Kolleginnen

Die Leiterin geht am frühen Morgen von Gruppe zu Gruppe und spricht kurz mit jeder Erzieherin. Statt auf Rundschreiben, Aktennotizen und Mundpropaganda setzt sie auf eine persönliche Kommunikation und damit auf Effizienz. In der kurzen morgendlichen Begegnung kann sie die wichtigsten Tagesinfos mitteilen, sich nach dem Befinden der Kollegin erkundigen und nicht zuletzt nachfragen, ob diese für heute einen besonderen Wunsch, eine Idee, eine Information für alle anderen oder ein sonstiges Anliegen hat. Die Leiterin fungiert als „menschlicher Informationsverteiler" und gibt Wesentliches an alle weiter. Ein „Kraftsatz" kann dieses Morgenritual beenden, z. B.:

- „Ich wünsche dir heute einen fröhlichen und entspannten Arbeitstag mit ganz vielen lustigen und spannenden Momenten."
- „Ich komme heute reihum in den Gruppen vorbei und schenke jedem einzelnen eine zehn Minuten Pause."
- „Ich schätze es sehr, dass du den Spätdienst von Susanne übernommen hast, damit unterstützt du das ganze Team, danke."
- „Hast du einen ganz konkreten Verbesserungsvorschlag für mich in meiner Rolle als Leiterin?"

Eine derartige Morgenrunde beugt Missverständnissen vor, ist dem Kontakt der Leiterin zu jedem einzelnen Team-Mitglied förderlich und stärkt die Wertschätzung eines jeden. Nicht zuletzt kommt es der Team-Kultur zu Gute und gibt Kraft und Zuspruch für den Tag.

„Ein freundliches Wort, ein kleines Lächeln, das du deinem Gegenüber schenkst, kosten nichts und können so viel Schönes bringen."

Unattraktive Fälle benötigen ein Gegengift

Felix ist wieder sehr anstrengend und der Erzieherin gelingt es nicht, geduldig und gelassen mit ihm umzugehen. Sie wird ihm gegenüber laut. Katharina hat sich in die Hose gemacht und die Erzieherin empfindet Ekel, die eingekoteten Kleidungsstücke anzufassen. Der Vater von Knut beschwert sich in lautem Tonfall bei der Erzieherin darüber, dass sein Sohn wiederholt ohne Jacke draußen spielt. Der Erzieherin gelingt es nicht, ihn davon zu überzeugen, dass es zu warm für eine Jacke sei. Die Kollegin ist enttäuscht, weil sich im Team niemand bereit erklärt, mit ihr den Frühdienst zu tauschen. Neben den unzähligen erfreulichen Alltagsmomenten gehören auch derartige Situationen, Reaktionen, Irritationen und der damit verbundene Unmut zum Alltag – und sie dürfen dazugehören! Über die unangenehmen Dinge nicht ausschweifend zu diskutieren, bedeutet nicht, diese Dinge unter den Tisch zu kehren, sondern vielmehr ihnen keine Aufmerksamkeit zu schenken.

Das Gefühl von Ekel kann einfach akzeptiert werden ebenso wie der Umstand, dass der Vater sich nicht überzeugen lässt, und die Tatsache, dass die Kollegin den Frühdienst nicht tauschen möchte. Wo ist das Problem? Es gibt keines! Die Erzieherin kann entscheiden, welchen Situationen sie ihre Aufmerksamkeit schenkt.

„Nicht für alle Probleme gibt es Lösungen. Manche Probleme dürfen Probleme bleiben."

Das Team-Schwein

Wie oft reden oder diskutieren wir über negative und beschwerliche Dinge und Situationen? Zu oft! Beschwerden beschweren die Seele und das ist weder der Arbeit mit den Kindern förderlich, noch dient es dem eigenen  Wohlbefinden. Sammeln Sie statt der Lasten und Beschwerden alltägliche Glücksmomente! Dazu stellen Sie das Team-Schwein auf – ein Sparschwein, in dem kein Geld, sondern Erfolge, Glücksmomente und besonders gelungene Ereignisse gesammelt werden. Kleine Zettel liegen stets neben dem Team-Schwein bereit. Darauf kann jede Erzieherin stichwortartig ihre kleinen oder größeren Erfolge und gute, positive Situationen, die sie erlebt hat, eintragen. Dies gilt einen ganzen Monat lang, wann immer und wie oft jeder möchte, z. B.:

- Elterngespräch mit Frau Schmitt genial
- Mit Paula halbe Stunde gelacht
- Mit Kollegin einen Konflikt beigelegt
- Ein Tag ohne Maßregelungen, wow
- Getraut, Neues auszuprobieren
- Mutig Nein gesagt
- Endlich einmal den Tag ohne Hektik gestaltet.

Auf diese Weise werden schöne, gute, wohltuende und motivierende Momente gespart. Das Schwein wird einmal im Monat geschlachtet und die

„Ersparnisse" gemeinsam im Team kurz vorgelesen – und die Kraft, die von derartigen Momenten ausgeht, kann ihre Wirkung entfalten!

„Mache dein Leben bunt und positiv. Andere werden sich ein Beispiel an dir nehmen, sobald sie erkennen, wie schön sich das anfühlt."

Die Lobkette

Kennen Sie Kettenbriefe? Heute sind es eher Kettenmails, die uns dazu auffordern, die E-Mail weiterzuleiten, damit auch andere vom Inhalt profitieren. Auch wenn dies viele eher kritisch sehen, kann die Idee doch in anderer Hinsicht auch sehr nützlich sein: Wie wäre es, wenn wir immer ein Lob, das wir bekommen haben, weitergeben? Stellen Sie sich vor, Sie werden von Ihrer Kollegin für Ihren hervorragenden Umgang mit einem aggressiven Kind gelobt. Das gute Gefühl können Sie weiterschenken. Um die „Lobkette" zu verlängern, geben Sie ein passendes Lob an jemand anderen weiter. Und so loben Sie vielleicht eine Mutter, die ihr Kind zärtlich in den Arm nimmt, oder eine andere Kollegin, die Ihnen beim Aufräumen hilft.

Die Lobkette wird umso länger, je mehr sie öffentlich wird. Je mehr Menschen diese Kette kennen und sie mit einem weiteren Lob verlängern, desto mehr Menschen tragen dieses gute Gefühl in sich. Probieren Sie die Lobkette zunächst im Team aus, bevor Sie die Eltern zum Mitmachen einladen. Stellen Sie sich doch einmal vor, diese Kette wäre im ganzen Land bekannt!

Bonbons für die Seele

Sie kennen doch sicherlich das Lied „Die Gedanken sind frei"? Es besingt etwas, das vielen von uns nicht bewusst ist: dass wir denken können, was wir wollen! Niemand anderes bestimmt die eigenen Gedanken, allein wir selbst. Das klingt genial. Schlechte Gedanken sorgen für schlechte Stimmung und geben uns ein schlechtes Gefühl. Wussten Sie, dass von den über 60000 Gedanken, die wir täglich haben, etwa drei Prozent aufbauende und hilfreiche Gedanken sind, etwa 25 Prozent destruktive und etwa 72 Prozent flüchtige, unbedeutende, die dennoch eine Wirkung auf uns haben (vgl. http://www.bernhard-becker.de/gehirn.html)? Das wären nicht einmal zwei positive Gedanken in der Minute, aber allein 15 negative.

Es ist jedoch nicht ganz so einfach, ungewollte Gedanken beiseitezuschieben, möglich ist es aber auf jeden Fall. Tricksen wir doch unerwünschte Gedanken einfach aus, z. B. mit Bonbons für die Seele. Sie liegen stets im Team-Zimmer bereit. Die Leiterin bereitet allein oder auch gemeinsam mit ein oder zwei Erzieherinnen die Bonbons vor: Um eine Schokokugel, die mit Folie bezogen ist, wird einer der folgenden Texte gelegt und die Kugel danach in Seidenpapier gepackt:

Lass dieses Bobon ganz langsam auf deiner Zunge zergehen. Schließe möglichst deine Augen und:

- Denke dabei an deinen ersten Kuss
- Denke dabei an die Begegnung mit einem fröhlichen Kind
- Denke daran, worüber du das letzte Mal herzhaft gelacht hast
- Stelle dir vor, wie in deinem Bauch eine große gelbe Sonne ihre Strahlen ausbreitet
- Denke an das, was du besonders an dir magst
- Stelle dir vor, wie tausende Zellen in deinem Körper fröhlich herumtanzen
- Stelle dir vor, wie du dich innerlich selbst anlächelst
- Denke dabei an eine Situation, in der du eine gute Entscheidung getroffen hast
- Denke dabei an jemanden, den du liebst
- Stelle dir vor, wie dein sehnlichster Wunsch in Erfüllung geht
- Denke dabei nur an das Wort „Ruhe"
- Denke an die Person, die du auf der Stelle umarmen könntest.

Wir können uns unserer Vorstellungskraft bedienen, um uns selbst aufzuheitern. Das ist doch genial! Wir können tatsächlich selbst bestimmen, woran wir denken, auch wenn es nicht immer gelingt, schließlich ist auch dazu ein Training erforderlich. Die Macht über den eigenen Verstand hin und wieder ganz bewusst zu übernehmen, kann jedoch sehr reizvoll sein.

„Die Gabe der Fantasie erleichtert das Leben ungemein – sie erlaubt es, uns der schönen und wunderbaren Stunden zu erinnern. Und sich im Bedarfsfall welche davon zu erträumen."

Der Danke-Blick

Auch Sorgen sind negative Gedanken, die ansteckend wirken: Der Blick auf die Sorgen „zieht runter" und macht das Arbeitsleben beschwerlich, denn die Wahrnehmung ist auf das Belastende gelenkt. Natürlich stimmt es, dass Kinder immer mehr Verhaltensauffälligkeiten zeigen, der Lärmpegel so hoch ist, die Gruppenstärke zu groß und dass Anerkennung und Wertschätzung für die Arbeit fehlen usw. Und Erzieherinnen sollen dies auch wahrnehmen und etwas dagegensetzen, damit ihre Sorgen und ihr Stress sich wieder reduzieren. Neben den zahlreichen Methoden, die diesbezüglich angeboten und diskutiert werden, hilft es, von der Perspektive des Mangels zur Perspektive der Fülle zu wechseln, um damit einen ganz anderen Blick auf die Arbeit zu gewinnen – den Danke-Blick. Die Wahrnehmung ist auf das Leichte und auf das Selbstverständliche gelenkt, das gerne als positiver Faktor übersehen wird. Der Danke-Blick baut auf und macht das Arbeitsleben leichter. Und so kann der Danke-Blick aussehen:

Ich bin dankbar:

- Dass ich einen Arbeitsplatz habe
- Für das Lachen der Kinder; es steckt an
- Für die Außenanlage; sie ist ein zusätzlicher Raum, den ich schon frühmorgens nutzen kann
- Für meinen Beruf; Erzieherin ist ein Traumberuf: Ich kann jederzeit singen, tanzen, lachen, malen, spielen und nach draußen gehen
- Für die Begegnung mit den Eltern. Sie sind wie wir Menschen mit Stärken und Schwächen
- Für die Zusammenarbeit mit den Kolleginnen, die meisten sind total in Ordnung
- Für meine gute Arbeitsleistung
- Dass die Kinder mich mögen
- Für die Chance, dass ich alles ausprobieren kann
- Für die vielen kreativen Möglichkeiten, meine Arbeit zu gestalten.

Mit dem Danke-Blick kann ich Arbeitsfreude aktivieren! Geschieht dies jeden Tag, wie bei einem Training, kann das positive Gefühl der Dankbarkeit regelrecht kultiviert werden (siehe auch den „Team-Kurs in der Tüte", S. 94).

„Danke sagen funktioniert ohne Anstrengung, wenn man sich vor Augen führt, was alles wirklich Schlimmes geschehen könnte."

Wenig Regeln regeln mehr!

Regeln werden häufig aufgestellt, um Sicherheit, Orientierung und Struktur für das Kita-Team zu gewährleisten. Die Regeln und deren Einhaltung unterliegen einer ständigen Kontrolle, um „nicht gegeneinander ausgespielt zu werden". Dabei kann es hilfreich sein, sich immer mal wieder als einen Tagesordnungspunkt in einer Dienstbesprechung die Überprüfung der Sinnhaftigkeit bestimmter Regeln vorzunehmen. Denn je mehr Regeln in einer Kita existieren, desto mehr Regeleinhaltung gilt es zu kontrollieren, was wiederum die Zeit und Gedanken von Erzieherinnen bindet. Wenn eine Regel hauptsächlichen dazu da ist, mögliche Folgen von etwas zu verhindern, im Sinne von „wenn das alle machen würden ...", dann weg damit!

Jedes Mal, wenn eine neue Kollegin in ein Kita-Team kommt, sollte die Chance ergriffen werden, bestehende Systeme kritisch zu hinterfragen. Ermutigt neue Kolleginnen, sich die Abläufe, Regeln und konzeptionellen Details genau anzusehen und Veränderungsideen zu äußern. Oftmals sind Erzieherinnen über die Jahre festgefahren in bewährten Strukturen und halten an Dingen fest, die verbesserungsfähig sind.

Beispiel: Vielfalt zulassen

Eine neue Leiterin übernimmt zwei Einrichtungen, die fusioniert wurden. Beide Kitas haben unterschiedliche Konzeptionen, Öffnungszeiten, Räumlichkeiten, Regeln und Rituale. Eine geballte Ladung an möglichem Konfliktpotenzial also. In einer Team-Sitzung geht es um das Thema: „Wie lassen wir uns von Kindern, Kolleginnen und Eltern ansprechen?" Das Team äußert

*sich und es kommt heraus, dass von pauschalem Duzen bis hin zu Variatio-
nen mit Vornamen und Höflichkeitsform „Sie" oder der Anrede mit Herr und
Frau alles vertreten ist. Bevor es zu einer Abstimmung kommt – das Team
möchte sich auf eine einheitliche Anredevariante einigen –, schlägt die Leiterin vor, es doch erst einmal bei der bunten Vielfalt zu belassen und dann zu
schauen, wie alle Beteiligten damit zurechtkommen. Die Entscheidung wurde
vertagt. Es stellte sich heraus, dass weder Kinder noch Eltern oder Kolleginnen Schwierigkeiten mit den unterschiedlichen Anredeformen hatten und
sich eine Diskussion oder Vereinheitlichung wie von selbst erübrigte.*

Beispiel: Schnuller sind eigentlich nicht erlaubt

*Florian ist gerade drei Jahre alt geworden und befindet sich in der Eingewöh-
nungsphase in der Kita. Florian ist Einzelkind und das Ein und Alles für
seine Mutter; das hat sie der Erzieherin im Begrüßungsgespräch gleich gesagt. Der Junge löst sich nur sehr schwer von seiner Mutter und umgekehrt.
Bei den ersten Trennungsversuchen ist mit Schmerzen, Weinen und Frust auf
beiden Seiten zu rechnen. Eine der Erzieherinnen erfragt bei der Mutter, wie
sie ihren Sohn zu Hause am besten zu trösten vermag. Nach kurzem Zögern
antwortet die Mutter, sie gäbe Florian dann seinen Schnuller und sein Kuscheltuch.*

*Schnuller sind in der Kita eigentlich nicht erlaubt. Das Team hatte sich ir-
gendwann einmal aus hygienischen und aus Gründen der Zahngesundheit
generell dagegen ausgesprochen. Einer Intuition folgend bat die Erzieherin
nun aber die Mutter, beide Trostutensilien am Folgetag mitzubringen. Sie be-
sprach sich mit ihrer Gruppenkollegin und der Leiterin und wollte am nächsten Tag mit Schnuller & Co. einen Trennungsversuch wagen. Nachdem die
Mutter sich am Folgetag mit den Tränen ringend für eine halbe Stunde von
Florian verabschiedet hatte, weinte Florian bitterlich und ließ sich von seiner
Erzieherin nur widerwillig zu seiner Kita-Tasche führen. Als sie daraus aber
den Schnuller und das Kuscheltuch hervorzog und ihm beides überreichte,
huschte ein kurzes Lächeln über Florians Gesicht: Das war ja wie zu Hause,
wenn er traurig war! Dies ging einige Zeit so. Keines der anderen Kinder
wollte nun ebenfalls einen Schnuller mit in die Kita bringen. Nach einigen
Wochen war in der Kita-Tasche nur noch Florians Frühstück – genau wie bei*

den anderen Kindern auch. Das Team beschloss, das generelle Schnullerverbot aufzuheben. Es machte für die Kita keinen Sinn mehr.

„Erfahrung heißt gar nichts. Man kann seine Sachen auch 35 Jahre schlecht machen." Kurt Tucholsky

Das eigene Verhalten in den Blick nehmen

Gerlinde besucht an zwei Tagen eine Fortbildung zum Thema Aggression. Beates Fortbildung findet in der darauf folgenden Woche statt und Elisabeth ist Ende April an der Reihe. Fortbildungen sind grundsätzlich zu befürworten. Sich weiterzubilden und nicht stehen zu bleiben, das zeichnet Erzieherinnen aus. „Mal raus" aus der Einrichtung, das tut einfach gut! Die Begegnungen mit anderen Kolleginnen werden unter anderem für einen Austausch genutzt. Personalengpässe, die durch die Fortbildungsteilnahme entstehen, fangen die Kolleginnen, so gut es geht, auf, schließlich ist jeder einmal an der Reihe.

Etwas schwieriger gestaltet sich die Weitergabe dessen, was man bei der Fortbildung gehört oder auch praktisch erfahren hat. Wenn dann dafür noch kaum Zeit vorhanden ist, bleiben die Erfahrung und das Wissen oft bei der Teilnehmerin hängen. Deshalb werden oftmals Planungstage dazu genutzt, um sich gemeinsam fortzubilden. Meist wird dazu ein Referent eingeladen. Ganz unkonventionell und ohne Referent können Erzieherinnen an einem Team-Kurs der besonderen Art teilnehmen. Es steht kein Thema wie Sprachförderung oder das Spielverhalten im Mittelpunkt. Die einzelnen Team-Kolleginnen sind es, die ihr ganz persönliches Verhalten zu Kolleginnen, Kindern und Eltern in den Blick nehmen. Und wie es so im Miteinander üblich ist, werden sie zu gegenseitigen Beobachtern.

Der Team-Kurs in der Tüte

Dieser Team-Kurs lädt alle zu einer kleinen Fortbildung der ganz anderen Art ein. Stimmen Sie im Team ab, wer mitmacht bei diesem Experiment. Freiwilligkeit ist Vorraussetzung! Auch, wenn sich vielleicht zwei Kolleginnen ausklinken, so macht das nichts! Auch sie werden bemerken, dass sich da „etwas tut" im Miteinander. Im Team wird zunächst aufgespürt, welche positiven Verhaltensweisen bewusst in Szene gesetzt werden sollen. Dies können beispielsweise Lächeln, Akzeptanz, Freundlichkeit, Hilfsbereitschaft, Ruhe bewahren, Zuhören oder Beachtung sein. Sie werden auf jeweils eine Karte geschrieben und mit einer kurzen, aber konkreten Erklärung versehen, z. B.:

- **Freundlichkeit:** Allen Menschen begegne ich mit meinem wohlwollenden und liebenswürdigen Verhalten. Auch wenn mir Menschen vielleicht missgestimmt gegenüber treten, ich bleibe freundlich.
- **Danken:** Ich bedanke mich bewusst und konkret für Kleinigkeiten, die sonst selbstverständlich für mich sind. Ich sage danke, dass du mir das gezeigt hast; danke, dass du mir zugehört hast.
- **Zuhören:** Ich höre ganz bewusst und aktiv allen Menschen zu, wenn sie mir etwas erzählen. Mein eigener Redeanteil reduziert sich.

So geht's: Alle Karten werden zusammen in einer Tüte aufbewahrt. Es gibt mindestens so viel Karten wie Teilnehmerinnen. An jedem Montag zieht jede Teilnehmerin eine Karte aus der Team-Kurs-Tüte. Was darauf steht, bleibt geheim! Die Karten werden anschließend wieder in die Tüte gelegt. Eine Woche lang praktiziert nun jede Erzieherin ganz bewusst das, was auf der Karte stand. Jeweils am Ende der Woche gibt es eine kurze Rückmelderunde: Welches Verhalten, welche Eigenschaft wurde bei den Kolleginnen offensichtlich? War es anstrengend oder hat es sogar Spaß gemacht? Jeweils montags geht es in die nächste Runde. Tauschen Sie sich am Ende des Team-Kurses darüber aus, ob und wie hilfreich dieser Kurs für jeden Einzelnen und auch für das Gesamt-Team war. Es lohnt sich, den Kurs beizeiten zu wiederholen.

Spielvariante: Was passiert, wenn alle Kolleginnen zur gleichen Zeit freundlich sind oder einander zuhören? Können Sie sich vorstellen, dass das reichlich Spaß bringen wird? Dazu wird an jedem Montag eine Karte aus dem Team-Kurs gezogen und auf einem Ständer eine Woche lang für alle sichtbar, platziert. Jedes Team-Mitglied kann sich nun erproben.

Tipp: Der „Team-Kurs" kann unter dem Titel „Das Kita-Team – mal anders! Kreative Ideen für ein gutes Miteinander" (ISBN 978-3-589-24891-9) im Buchhandel erworben werden.

4.
Vom entspannten Umgang mit Eltern

Die erste Erziehungsinstanz Familie und die zweite Erziehungsinstanz Kita stehen häufig in gespannter Konkurrenz zueinander. Es gibt unterschiedliche Auffassungen und/oder Spannungen, die ein friedvolles und humorvolles Miteinander ziemlich erschweren können. Im Fokus beider Instanzen steht das Wohl der Kinder. Beide wollen das Beste für die Kinder, sehen aber in erster Linie sich selbst und ihre Meinung – fast wie bei einem zerstrittenen Ehepaar auf Scheidungskurs. Und das wünscht sich kein Kind. Da gilt es, sich wieder auf das Eigentliche zu besinnen und zu überlegen, was Eltern und Erzieherinnen in einer Kita zusammenführt? Was ist der eigentliche Grund ihrer Begegnung? Das Kind, das eine Kindertageseinrichtung besucht, ist Nahtstelle, Verbindung, Voraussetzung, Motivation und Mittelpunkt aller Interaktionen zwischen Eltern und Erzieherinnen. Sich diese Tatsache immer wieder einmal ins Bewusstsein zu bringen, kann durchaus hilfreich sein, wenn es zu Spannungen kommt.

4.1 Eltern sind Experten ihrer Kinder

Wird von Eltern als Experten ihrer Kinder gesprochen, darf getrost von einem Expertentum auf „Wolke sieben" ausgegangen werden. Und das ist gut so! Eltern sehen ihr Kind durch die Brille der Liebe, die sie zwar nicht blind macht für reale Gegebenheiten, aber doch zumindest milde stimmt. Klar gibt es auch jene Fälle, in denen Eltern ihr Kind mit eigenen Ansprüchen überfordern oder eigene Unzulänglichkeiten an ihren Kindern abarbeiten, dennoch sind auch hier die Familienbande wirksam, die gemeinhin stärksten Bande in unserer Gesellschaft. Kinder sind stets ein Teil ihrer Eltern und aus den Erfahrungen der ersten Lebensjahre entwickeln Kinder und Eltern eine alternativlose Bindung. Kinder und Eltern bauen ihr „Familiennest", im besten Falle geprägt von Liebe, Rücksichtnahme und Freude, im schlechtesten Falle bestimmt von Überforderung, Zurückweisung und Angst. Familienbande sind die wichtigsten sozialen Bindungen

eines Menschen. Im Familiensystem suchen und finden Kinder ihren Platz und sind dabei abhängig von ihren Eltern, deren Fähigkeiten, Ressourcen und Lebensumständen.

Der Schritt in einen Kindergarten oder in eine Krippe bietet dem Kind ein neues soziales Umfeld und neue Bezugspersonen. Seinen Platz innerhalb seiner Familie hat das Kind zu diesem Zeitpunkt bereits gefunden, die stärkste Bindung hat es bereits geknüpft, wenn es in die Kita kommt. Das Kind kann nun Bindungen mit Menschen außerhalb des Familienverbandes eingehen. Von einer Erzieherin gemocht zu werden, wird dem Kind ebenso wichtig sein, wie Freunde zu finden und seinen Platz in der Kindergruppe. Erzieherinnen jonglieren mit den Bedürfnissen vieler Kinder, sie sind mit dem Bestreben belastet, es vielen Menschen gut gehen zu lassen. Sie können viel, sehr viel Gutes bewirken und sind manchmal ein Halt in der Brandung für Kinder. Sie sind aber auch frei von einer lebenslangen Bindung an ihre Kita-Kinder. Und das ist in Ordnung!

Nicht an Kleinigkeiten aufreiben

Im Kita-Alltag begegnen sich Eltern und Erzieherinnen in der Regel zu den Bring- und Abholzeiten. Neben den vielen Eltern, zu denen ein guter Kontakt besteht, kennt jede Erzieherin die Mutter, die sich nicht an Absprachen hält, die nie die Elternpost liest und sich dauernd über Kleinigkeiten beschwert. Vielleicht bringt sie ihr Kind zu spät oder holt es nicht pünktlich ab – sie hält sich also nicht an Regeln. Aber auch dieser Mutter geht es um ihr Kind. Und auch der Erzieherin geht es um ihr Kind. Warum geht es einer Mutter oder einer Erzieherin dann schlecht miteinander? Weshalb verstricken sie sich in Versuchen, sich gegenseitig belehren zu wollen? Wie kommt es zu belastenden Streitigkeiten, bei denen beide Seiten nicht gewinnen (können)?

Zumeist ist es der Summierung diverser kleine Vorkommnisse geschuldet, wenn es zwischen Eltern und Erzieherinnen unangenehm knistert: der Elternabend, in dessen Vorbereitung die Erzieherin viel Zeit investiert hat und zu dem dann kaum einer erscheint, die Matschhose, die zum Waschen mit nach Hause genommen werden sollte und noch immer im Flur hängt, oder das Elterngespräch, das zum wiederholten Mal verschoben werden muss, weil Eltern den Termin kurzfristig abgesagt haben. Hier fehlt es den Erzieherinnen an Wertschätzung. Umgekehrt fühlen sich Eltern gemaßregelt, wenn ihr Kind sie darauf hinweist, ihr Frühstück sei nicht gesund und sie sollten morgens andere Nahrungsmittel in ihre Tasche bekommen. Oder sie empfinden es als ihre Aufgabe, dafür zu sorgen, dass ihr Kind an möglichst vielen Projekten teilnimmt, um optimal gefördert zu werden.

Wenn sich enttäuschende Situationen für die eine Seite durch frustrierende Erlebnisse für die andere Seite ergänzen, dann fällt ein entspanntes Lächeln nicht leicht und man tut sich mit positiven Gefühlen füreinander schwer. Das positive Bindeglied zwischen Elternhaus und Kita sind dann die Kinder selbst. Für sie lohnt es sich für beide Seiten, auch mal fünf gerade sein zu lassen oder einen bissigen Kommentar nicht auszusprechen. Eine Möglichkeit, die Bringsituation zu entspannen, bietet die folgende Anregung.

Locker vom Hocker

Im Eingangsbereich übernimmt eine Kollegin das allmorgendliche Begrüßen der Eltern und Kinder. Sie sitzt morgens zur Bringzeit an einer kleinen Theke in Bartisch-Höhe, auf einem Barhocker ausgerüstet mit Schreibzeug und heißt Kinder und Eltern willkommen. Sie erinnert daran, die Elternpost zu beachten, nimmt Informationen entgegen und sichert gleichzeitig den Türbereich ab. Die Begrüßungskollegin notiert alle wichtigen Details und gibt sie später an das Team weiter. Die Eltern begleiten ihr Kind zwar noch in ihre Gruppe, verabschieden sich dann aber, ohne viele Worte mit der Gruppenerzieherin zu wechseln. Gerade in den Stoßzeiten kurz vor Ende der Bringzeit entlastet dies „locker vom Hocker" die Kolleginnen in den Gruppenräumen, die ihre ungeteilte Aufmerksamkeit den Kindern widmen können.

Da sich das Team bei diesem Begrüßungsservice abwechselt, lernen sich Eltern und Kolleginnen besser kennen und die Tür- und Angelgespräche verlagern sich an eine zentrale Stelle. Das angenehme Ankommen in der Kita kann zu einer entspannten Atmosphäre beitragen und lässt Kindern und Erzieherinnen mehr Luft für gemeinsame Interaktionen ohne Unter-

brechungen in ihren Gruppen. Die Eltern finden eine Ansprechperson für ihre Anliegen vor, *eine* Kollegin übernimmt die Aufgabe, die sich sonst viele Kolleginnen teilen, und die Kinder kommen in den Genuss zugewandter Bezugserzieherinnen, trotz Publikumsverkehr. Wer weiß, vielleicht gibt es Kolleginnen, die diesen Job besonders gerne und gut machen und damit eine individuelle Stärke in ihre Kita einbringen können?

Kinder kennen den kleinen Unterschied

Während es den Erwachsenen manchmal schwer fällt, zwischen den beiden Positionen der Erziehungsinstanzen zu unterscheiden, und sie nach einer Vereinheitlichung suchen oder gar um eine solche kämpfen, verstehen es die Kleinen ziemlich gut, ihre Bedürfnisse an die jeweiligen Adressaten anzupassen. Sogar zwischen den einzelnen Familienmitgliedern oder bei den unterschiedlichen Erzieherinnen gelingt es ihnen, ihre Verhaltensweisen auf die jeweilige Person auszurichten.

Beispiel: Anastacia

Anastacia (4 Jahre) ist seit einem Jahr in ihrer Kita. Als absolutes Wunschkind ihrer Eltern genießt sie deren großzügige Liebe. Sie wird von ihren Eltern unterstützt und beschützt. Sie läuft ihnen gerne im Park oder im Supermarkt weg, weil sie das Gefühl mag, dann wieder eingefangen zu werden. Ihre Eltern beweisen dabei immer wieder eine Engelsgeduld, laufen ihrer Tochter hinterher, um sie alsbald fröhlich jauchzend in ihre Arme zu schließen. Obschon es anstrengend ist, können die Eltern ihrer Tochter einfach nicht widerstehen. Anastacia weiß aber mittlerweile auch, dass dieses Verhalten bei den Erzieherinnen nicht die gleiche Reaktion hervorruft wie bei ihren Eltern. Das kommentarlose Weglaufen aus ihrem Gruppenraum hatte zur Folge, dass ihre Erzieherin ihr erklärte, sie wolle wissen, wo Anastacia sich aufhält. Fang- oder Nachlaufspiele könne sie gerne mit den anderen Kindern im Freien spielen – später, wenn sie nach draußen gingen. Zwar probierte es Anastacia noch einige Male, veränderte dann aber ihr Verhalten, da es keinen Erfolg nach sich zog. Außerdem erkannte Anastacia, dass die anderen Kinder sich auch an Regeln hielten.

Kinder lernen, welches Verhalten und welche Arten der Gefühlsäußerung von ihrer Umgebung als angemessen bewertet werden. Sie probieren und üben sich in regelkonformem Benehmen und werden zunehmend sicherer in der Auswahl ihrer Aktionen und Reaktionen. Was bei Mama geht, muss bei Erzieherin Gabi nicht auch funktionieren. Wenn Opa Horst eine dritte Kugel Eis spendiert, brauche ich es bei Tante Gundula noch nicht einmal wegen einer zweiten Kugel zu versuchen. Wo der eine Mensch weich reagiert, sind bei einem anderen Menschen längst Grenzen erreicht. Diese Unterschiedlichkeit bereitet die Kinder optimal auf ihre Lebenswelt vor. Wir dürfen Kindern vertrauen. Sie holen sich ihre Anregungen, sie konstruieren sich ihre Welt und sie hadern nicht mit der Vergangenheit.

Kinder beschäftigen sich im Kita-Alltag oft mit ganz anderen Dingen als den Themen, die für ihre Eltern oder Erzieherinnen interessant sind. Dinge wie saubere Kleidung, in einem Projekt mit dabei zu sein, oder das Einhalten von Regeln sind ihnen weitaus weniger wichtig, als ein Gefühl von Heimat zu erfahren in ihrer Kita-Zeit. Sie sind die dritten Experten in diesem Bunde. Kinder filtern für sich heraus, was ihrer Entwicklung förderlich ist. Eine Fähigkeit, die Erwachsene leicht verlieren können auf ihrem Weg.

4.2 Mit Anliegen und Beschwerden umgehen

Kennen Sie diese Situationen mit Eltern? Alle wichtigen Informationen über den Kita-Alltag erhalten Eltern in den ersten Gesprächen, beim ersten Elternabend oder mittels einer Informationsbroschüre und doch sind Alltagbeschwerden an der Tagesordnung:

- „Katharina ist schon wieder schmutzig, ihre Kleidung ist voller Farbe."
- „Philipp hat sein Brot schon wieder nicht aufgegessen."
- „Warum macht ihr eigentlich bei euch keinen Flohmarkt wie in der anderen Kita?"
- „Warum kann Tatjana denn nicht beim Kreativkurs mitmachen?"
- „Die Windel ist ja voll, warum wurde sie nicht gewechselt?"

Sie kennen sicherlich weitere kleinere und größere Alltagsbeschwerden und Forderungen, die Eltern an Sie herantragen, oder?

Keine Einsicht in Sicht

Wie viele Jahre sind Sie als Erzieherin tätig und wie viele Jahre hören Sie bereits solche und ähnliche Klagen und Beschwerden von Eltern wie oben beschrieben? Auffallend ist, dass es die immer gleichen Themen sind, die Eltern zur Sprache bringen. Keine Frage, Eltern haben das Recht dazu und schließlich ist dies auch eine Form von Interesse. Eltern meinen es grundsätzlich nicht böse mit uns, sie wollen definitiv das aus ihrer Sicht Beste für ihr Kind. Aus Sicht der Mutter sieht das Kind einfach mit sauberer Kleidung angenehmer und attraktiver aus. Wenn das eigene Kind nicht genug zum Frühstück gegessen hat, dann ist es bestimmt nicht satt geworden. Wenn es in dieser Kita keinen Flohmarkt gibt, dann fehlt etwas im Angebot der Kita und sie ist damit nicht so gut wie die andere, und wenn das eigene Kind nicht am Kreativkurs teilnehmen kann, dann wird es nicht genügend berücksichtigt und nicht ausreichend gefördert. Es sind die ganz natürlichen Sorgen und Ängste von Eltern, die sich hinter ihren Vorwürfen und Nachfragen verbergen. Erzieherinnen begegnen diesen Sorgen und Ängsten üblicherweise mit einfühlsamen und verständnisvollen Argumenten.

Beispiel: Katy hat eifrig gemalt

Frau Meier beschwert sich über die schmutzige Kleidung ihrer Tochter. Erzieherin Moni entgegnet ihr: „Ja, Katy hat ganz eifrig mit Farbe gemalt und dabei ist ihr die Wasserfarbe auch auf die Hose gekleckert, obwohl sie einen Malkittel trug." Frau Meier: „Aber das passiert doch ständig, ich muss ständig waschen und sie ist fast immer so dreckig, wenn ich sie abhole." Moni: „Alle Kinder machen sich beim Spielen schmutzig, da ist Ihre Katy keine Ausnahme. Wenn Kinder spielen, dann gehört das dazu." Mutter: „Aber die anderen Kinder sind gar nicht so dreckig wie meine Katy, das sehe ich doch." Moni: „Das ist immer ganz unterschiedlich, jedes Kind ist eben anders …usw.

So oder so ähnlich laufen in den meisten Kitas Begegnungen mit sich beschwerenden Eltern ab. Wem sind die Reaktionen von Seiten der Erzieherin nicht vertraut: Erläuterungen, warum man als Erzieherin so agiert hat, und Rechtfertigungen, dass es so besser und pädagogisch sinnvoller ist? Und wer kennt nicht ebenfalls die darauf folgenden Reaktionen der Eltern, beginnend mit „Ja, aber …"? Welches Ziel haben diese Gespräche? Zu welchen Ergebnissen kommen Eltern und Erzieherinnen? Kommen sie überhaupt zu einem Ergebnis? Und nicht zuletzt: Wie befriedigend ist dies für die Erzieherin und für die Eltern?

Hand aufs Herz: Macht es Ihnen Spaß, immer wieder die gleichen Argumente vorzutragen? Wie viele Eltern zeigen Einsicht und sagen etwa: „Oh ja, das verstehe ich, dass meine Katy sich beim Spielen schmutzig macht". Mal ehrlich, zeigen Sie immer Einsicht, wenn man Ihnen ganz genau erklärt, warum etwas so oder so gemacht werden sollte? Diese üblichen, standarisierten und nicht selten ausschweifenden Gesprächssituationen mit Eltern kosten Zeit, Energie und sind dabei doch so ergebnislos. Einige von Ihnen mögen nun äußern, das gehört eben zu meinem Job! Andere suchen schon lange einen Weg, diese Situationen für alle Beteiligten befriedigender zu gestalten.

Die Aufmerksamkeit verlagern

Beschwerden und Vorwürfe von Seiten der Eltern bekommen ein Zuviel an Aufmerksamkeit, etwa in Form eines direkten Zweiergesprächs. Dies wirkt wie ein „Beschwerdenverstärker". Die Zeit, die für die Beschwerdengespräche regelrecht „verschwendet" wird, könnte an anderer Stelle für wohlwollende Begegnungen beider Parteien genutzt werden! Was wäre, wenn Sie auf die Einsicht von Eltern verzichten würden, wenn Sie die kleineren und größeren Beschwerden, Bedürfnisse, Wünsche und Anliegen von Eltern zwar ernst nehmen, aber nicht darüber diskutieren. Die folgenden Situationen regen zu einem etwas anderen Umgang an.

Halt durch Haltung

Wenn Eltern ihre Anliegen vortragen und Ihnen ähnlich wie oben beschrieben gegenübertreten, dann zeigen Sie Haltung! Stellen Sie sich aufrecht und mit geradem Rücken hin. Machen Sie ein freundliches Gesicht und hören Sie, was die Mutter oder der Vater zu sagen hat. Aktivieren Sie Ihre innere Stimme, die Stimme der Zustimmung: Ja, Eltern dürfen ihre Anliegen und Beschwerden vortragen! Ich werde diese zur Kenntnis nehmen ... *Punkt.* Verstärken Sie das Anliegen nicht mit Rechtfertigungen, Erklärungen oder Ausführungen, sondern lassen Sie das Anliegen stehen; Sie werden es so oder so nicht verändern können. Was Sie jedoch beeinflussen können, ist der Verlauf der Begegnung: Statt langatmiger, zeitaufwendiger und Energie raubender Auseinandersetzungen sorgt Ihr Auftreten für Klarheit. Antworten Sie in aller Ruhe mit *einem* Satz, der Ihre Haltung deutlich macht. Dies kann zu den folgenden Themen beispielsweise so aussehen:

- Sauberkeit: In unserer Kita machen sich die Kinder beim Spielen schmutzig, das gehört dazu!
- Ernährung: In unserer Kita entscheiden die Kinder selbst, wie viel sie essen!
- Vergleiche mit anderen Kitas: In unserer Kita haben wir eine ganz besondere Planung für das Jahr, lassen Sie sich überraschen! Gerne können Sie mit anderen Eltern eine solche Aktion planen!
- Bildungsangebote: Warten Sie einfach ab, Frau Meier, Ihr Kind ist demnächst wieder dabei.
- Volle Windel: Entschuldigung, aber manchmal passiert es gerade in dem Moment, in dem die Kleinen abgeholt werden.

Bleiben Sie in und bei Ihrer Haltung! Eltern sind dann meist bemüht, noch weitere Argumente vorzutragen, die ihr Anliegen bzw. ihre Beschwerde unterstreichen sollen. Wiederholen Sie mit ruhiger und freundlicher Stimme ihren „Haltungssatz" und zeigen Sie mittels Gestik und Mimik an, dass Sie sich nun wieder anderen Dingen zuwenden müssen. Dies können Sie eventuell noch unterstreichen, indem Sie den Arm Ihres Gegenübers sanft berühren. Trauen Sie sich, probieren Sie es aus! Nicht einmal, mehrmals!

Vielleicht fragen Sie sich irgendwann, warum sich bei Ihnen niemand mehr beschwert!

Statt der „Haltungssätze" können Sie in manchen Situationen auch einen Block in die Hand nehmen: „Ich habe mir Ihr Anliegen notiert". Wieder nur ein Satz, keine Diskussion! Verlagern Sie Ihre Aufmerksamkeit auf wohlwollende Begegnungen mit den Eltern. Erzählen Sie ihnen von den kleinen erfreulichen Episoden mit den Kindern, von den Fortschritten, die Sie beobachtet haben. Bestärken Sie Eltern in Ihrem Tun, wenn etwas Positives auffällt und vor allem reden Sie mit Ihnen, wenn es die Zeit hergibt über Belangloses, Alltägliches und Lustiges – eben alles, was das Leben so ausmacht.

Ausblick: Jede Veränderung braucht Übung und Zeit. Wenn Sie wirklich möchten, dass sich Beschwerden von Seiten der Eltern reduzieren, dann ziehen Sie Ihre Aufmerksamkeit davon ab! Finden Sie im Team gemeinsame „Haltungssätze" für standarisierte Alltagsbeschwerden. Treffen Eltern auf Erzieherinnen, die eine klare Haltung zeigen, gewinnen sie selbst an Sicherheit. Sie bekommen das Gefühl, dass sie es hier mit Erzieherinnen zu tun haben, die wissen, was sie tun...

„In einer gelungenen Welt werden Kinder nicht gezähmt, sondern freigelassen."

Zeit gewinnen und nicht sofort antworten

Neben den Standardbeschwerden haben Eltern manchmal ganz genaue Vorstellungen von dem, was in der Kita noch so alles passieren oder eben nicht passieren sollte: Frau Konrad steht vor Ihnen, nachdem sie ihre Tochter Sarah verabschiedet hat. Sie bemängelt in einem ausführlichen Statement die unzureichende Hygiene in der Kita. Sie wünscht sich, dass die Kinder in dieser Hinsicht mehr Begleitung von Seiten der Erzieherinnen erfahren. In einem anderen Gespräch wünscht sich Herr Stark, dass die Kinder mehr draußen spielen, und in einem weiteren, dass den Kindern eine Zwischenmahlzeit angeboten werden sollte.

Hören Sie aufmerksam und konzentriert zu, wenn Eltern ein Anliegen an Sie herantragen, und antworten Sie *nicht* sofort darauf! Frau Konrad wird Sie zunächst erstaunt ansehen. Sie ist es gewohnt, in einen direkten Dialog mit Ihnen zu treten, und ebenso, dass Sie direkt antworten. Geben Sie stattdessen eine klare und kurze Rückmeldung, z. B.:

- „Ich habe Ihnen zugehört und werde es erst einmal sacken lassen."
- „Ich habe Ihnen zugehört und werde mir dazu Gedanken machen."
- „Ich habe Ihnen zugehört und werde darüber nachdenken."

Was ist so wichtig, dass es jetzt in diesem Moment geklärt werden muss? Das Thema Hygiene ist es nicht, es hat definitiv Zeit. Und auch die Themen „Zwischenmahlzeiten" und „draußen spielen" sind keine brenzligen Situationen, die sofort bearbeitet werden müssen. So gewinnen Sie Zeit, um sich wirklich Gedanken dazu machen zu können, und zwar dann, wenn Sie sich dazu die Zeit nehmen werden! Wie sieht es mit der Hygiene in unserer Kita aus? Ist sie ausreichend oder hat Frau Konrad da etwas beobachtet, was im Team überdacht werden muss? Sollten wir wirklich mehr nach draußen gehen? Für viele Situationen gibt es sie nicht: die schnelle Lösung! Erzieherinnen haben alle Zeit der Welt, wenn sie den Wünschen, Anmerkungen und Beobachtungen von Seiten der Eltern mit echter Aufmerksamkeit begegnen.

Beispiel: Marvin – pädagogisch „zauberhaft" agieren

Eltern setzen sich für ihre Kinder ein und möchten Konflikten vorbeugen. Auch Marvins Mutter im folgenden Beispiel möchte für Marvins Bedürfnisse sorgen. Doch erst einmal kommt Marvin selbst zu Wort:

Ich bin Marvin und wenn ich Durst habe, dann trinke ich Tee. Ich mag aber nur süßen Tee und Mama hat immer süßen Tee zu Hause, weil sie ja will, dass ich was trinke. Am Dienstag nun war mein erster Kita-Tag und Mama hat mich dort hingebracht. Cordula ist die Erzieherin in meiner Gruppe. Sie hat uns ganz herzlich begrüßt und uns alles gezeigt. Sie hat aber auch erklärt, dass die Kinder in der Kita immer ungesüßten Tee trinken. Meine Mama war hin und her gerissen. Sie weiß ja selbst, dass das mit dem Zucker nicht so gut ist, aber sie weiß auch, wie hartnäckig ich bin. Schließlich hat sie zu Haus schon einige Fehlversuche hinter sich, mir Tee ohne Zucker zu geben.

Meine Mama hat sich aber trotzdem sofort für mich eingesetzt und Cordula gesagt, dass ich aber nur gesüßten Tee trinke. Cordula schmunzelte nur und sagte dann, wir sollten einfach einmal abwarten. Na, da war ich aber mal gespannt. Wenn Cordula denkt, ich würde Tee ohne Zucker trinken, dann hat sie sich aber mächtig geirrt!

Als ich am Frühstückstisch saß, hat Cordula allen Kindern einen Becher Tee eingegossen. Sie sagte, dass es ein Zaubertee sei und dass man davon Zauberkräfte bekommen würde. Das war ja etwas ganz Neues für mich und ich war anfangs ganz schön skeptisch. An den ersten Tagen habe ich nur kleine Schlückchen von diesem Tee getrunken. Aber ich habe dann mitbekommen, dass die anderen Kinder einen ganzen Becher voll davon tranken. Sollte ich riskieren, keine Zauberkräfte zu bekommen, nur weil ich Tee ohne Zucker nicht mag? Und außerdem ist Zaubertee nicht gleich Tee ohne Zucker. Ich entschied mich, etwas mehr von diesem Tee zu trinken, obwohl Cordula keine konkreten Angaben gemacht hatte, wie genau diese Kräfte denn wirken würden. Aber Cordula hatte die Wahrheit gesagt: Es dauerte nicht lange, da konnte ich mich alleine an- und ausziehen, alleine zur Toilette gehen, mir alleine die Zähne putzen und später dann auch super gut aufräumen. Ohne Cordulas Zaubertee hätte ich das nicht geschafft – und außerdem, wenn alle Kinder von diesem Tee trinken, dann bin ich doch nicht so dumm und trinke ihn nicht! Cordula hat meiner Mutter den Zauberspruch verraten und Mama hat jetzt auch immer Zaubertee für mich.

Erklärungsversuche von Seiten der Erzieherin hätten Unruhe, Unzufriedenheit und Spannung in das Beziehungsgeflecht zwischen Mutter, Kind und Erzieherin gebracht. Wie gut, wenn da die Zauberkräfte wirksam werden...

Jeden Tag eine gute Nachricht

Viele Eltern, die ihr Kind abholen, möchten gerne erfahren, was ihr Kind den Tag über gespielt hat und ob es besondere Vorkommnisse gab. Wie würde sich die Mutter von Felix aus dem folgenden Beispiel wohl fühlen, wenn die Erzieherin sie mit einer genauen Schilderung der Vorgänge begrüßen würde?

Beispiel: Felix hat einen schlechten Tag

Felix spielt mit Marian und Konstantin auf dem langen Spielflur. Ganz plötzlich und aus unerklärlichem Grund zerstört er mit einigen kräftigen Fußtritten die gerade fertiggestellte Autobahn. Kurz zuvor hat er bereits zwei andere Kinder geärgert, bekam aber eine zweite Chance, friedlich weiterzuspielen. Marian und Konstantin sind entsetzt. Konstantin beschwert sich bei Gaby, der Erzieherin. Gaby nimmt Felix zur Seite und sagt kurz und knapp: „Stopp Felix, es ist schade, aber du brauchst eine Spielpause."

Heute ist nicht sein Tag und Felix ärgert im Laufe des Vormittages noch einige Kinder. Auch die anderen Kinder zeigen sich manchmal nicht gerade von ihrer besten Seite und provozieren hin und wieder einen Konflikt. Es ist, wie es ist! – Oder kennen Sie eine Gruppe von Kindern, die immer harmonisch und in Eintracht miteinander spielt? Fakt ist, dass jeden Morgen unzählige Situationen stattfinden, die mit der passenden Unterstützung der Erzieherin geklärt werden müssen (siehe dazu auch Kapitel 2.2).

Wenn jedoch die Mutter von Felix am späten Nachmittag kommt, dann ist die Sache mit dem Spielflur längst Geschichte! Auf die Frage „Hast du heute schön gespielt?" kann Felix antworten, wie er es möchte. Er wird sicherlich nichts von seinem Auftritt auf dem Spielflur erzählen, warum auch? Schließlich hat er die Konsequenzen bereits getragen und schließlich hatte er neben den „kleinen Ausrutschern" auch viele schöne Spielerlebnisse, an die er sich gerne erinnert. Und so macht es auch keinen Sinn, wenn Gaby der Mutter von den unangenehmen Situationen berichten würde – Schnee von gestern, wie man so schön sagt!

„Felix hat heute mehrfach andere Kinder geärgert" oder „Kai hat heute Tom in den Finger gebissen" oder „Klara hat heute Philipp gekratzt" – Eltern die eine derartige Information bekommen, wenn sie ihr Kind abholen, freuen sich definitiv *nicht* darüber. Sie befragen ihr Kind nach dem Warum, und ein längst abgeschlossenes, nicht gerade beflügelndes Thema wird wieder aufgewärmt. Eine solche Information hat Auswirkungen auf das Verhältnis zwischen Mutter und Kind. Eltern, die über ihr Kind etwas

Negatives hören, sind betroffen, fühlen sich unwohl und stellen häufig ihre eigene Kompetenz infrage: „Mein Kind ist nicht gut genug, nicht richtig." Das ist schade, weil eigentlich sollten die beiden doch die wenige Zeit, die sie heute noch miteinander verbringen, genießen und Zuneigung füreinander empfinden.

Kinder leben im Hier und Jetzt. Die Sache mit dem Spielflur und all die anderen Dinge, die im Laufe des Vormittages geschehen, sind vorbei und uninteressant. Was gewesen ist, ist gewesen. Die Erzieherin enthält den Eltern nichts vor, wenn sie die kleinen Ausrutscher, die zum Alltag einfach dazugehören, gar nicht erwähnt. Stattdessen wächst das Vertrauen des Kindes in die Erzieherin, die es nicht bei den Eltern „verpetzt"!

„Sich auf die Seite der Kinder zu stellen, ist gar nicht so schwer.
Wenn man es wirklich möchte!"

Es kann sein, dass Tom zu Hause seinen Eltern erzählt, dass ihn Kai in den Finger gebissen hat. Wenn Mutter oder Vater am nächsten Tag danach fragen, reicht die folgende Antwort: „Ja, das tat mir sehr leid für Tom. Aber das kommt schon mal vor, wenn Kinder sich auseinandersetzen. Gestern ist mit den Kindern alles geklärt worden!" Die Situation muss nicht konkreter beschrieben werden, und über Kai verliert die Erzieherin kein Wort. Die Erzieherin leistet mit ihrem klaren Standpunkt einen Beitrag für ein friedliches Miteinander aller Beteiligten. Niemand wird an den Pranger gestellt! (Es gibt sie natürlich, die Ausnahmen: Ein Kind, das sich über einen längeren Zeitraum extrem auffallend verhält, gibt Anlass mit den Eltern darüber ein Gespräch zu führen.)

Beziehungspflege – es tut nicht weh, gut über andere zu reden

Die Erzieherin, die den Eltern der Kinder jeden Tag etwas Positives berichtet, wenn sie ihre Kinder abholen, tut etwas für die Beziehung aller Beteiligten. Sie sieht das Kind mit wertschätzendem, liebenswürdigem Blick. Sie sieht das, was das Kind liebenswert macht, was das Kind an Gutem bewirkt oder was es spielerisch lernt. Das Kind wird strahlen, wenn es im Beisein von Mutter oder Vater gelobt wird. Die Eltern werden strahlen, wenn sie hören, dass ihr Kind heute so wunderbar beim Aufräumen oder

Abwaschen geholfen hat, dass es die kleine Erika gefüttert hat oder sich zum ersten Mal getraut hat, allein in die andere Gruppe zu gehen. Die Erzieherin leistet mit diesem täglichen Ritual einen großen Beitrag zur Beziehungsförderung:

- Sie unterstützt die positive Beziehung zwischen Eltern und Kind.
- Sie sorgt für eine entspannte Beziehung zwischen sich und den Eltern.
- Sie schafft eine vertrauensvolle Beziehung zwischen sich und dem Kind.

Sie lebt vor, wie man das Augenmerk auf Gutes und Positives richtet und dadurch ein Gefühl von Freude bei allen Beteiligten auslösen kann. Denn nicht zuletzt fühlt sich die Erzieherin selbst wohl, wenn sie mit einem kurzen Satz Freude schenkt und dadurch selbst Freude empfindet. Probieren Sie es: Jeden Tag eine gute, positive Rückmeldung über das Kind an die Eltern.

„Die Freude im Gesicht eines gerade gelobten Menschen sollte dazu motivieren, noch mehr zu loben."

Eltern mit Akzeptanz und Wertschätzung begegnen

Alle Eltern wollen das Beste für ihr Kind! Doch das Beste ist immer relativ! Es gibt Eltern, die ihre Kinder verhätscheln und verwöhnen, andere, die ihre Kinder sich selbst überlassen, und wieder andere, die ihre Kinder schon während der Kita-Zeit aufs Gymnasium vorbereiten möchten. Und es gibt auch jene Eltern, die mit ihren Kindern in einer Umgebung leben, in der ungewollt Probleme an der Tagesordnung sind. Das ist das Leben! Auch wenn Eltern kein Interesse an einer Zusammenarbeit haben, auch wenn Eltern nicht so für ihre Kinder sorgen können, wie sie es unserer Ansicht nach eigentlich sollten – sie sind in erster Linie Menschen wie alle anderen Eltern auch! Es gibt sie nicht, die perfekten Eltern!

Beispiel: Mutter Q oder der vergebliche Kampf um Veränderung

Mutter Q hat für ihre vier Kinder Tagesplätze in der Kita. Die Familie ist mit den vier Kindern, die alle nicht einfach sind, total überfordert. Es gab bereits mehrfach Elterngespräche sowie Kontakte zu Psychologen, Beratungsstellen und Logopädie seitens der Kita und der Eltern. Die Eltern sind nett, aber sehr anstrengend im Tagesgeschäft der Kita: Ihr morgendliches Ankommen ist für alle Beteiligten stressig. Sie kommen kurz vor Ende der Bringzeit, sind laut und hektisch und fast täglich gibt es wegen irgendwelcher Kleinigkeiten Redebedarf seitens der Mutter. Andere Eltern und Kolleginnen suchen gerne das Weite, wenn Familie Q hereinstürzt. Vorschläge und Absprachen zwischen Kita und Eltern werden, wenn überhaupt, nur kurzfristig ausprobiert: Sagten die Erzieherinnen zu Frau Q, sie möge doch mehr Zeit mit jedem einzelnen ihrer Kinder verbringen, hielt sie dagegen, dass sie ihr Bestes versuche, aber schließlich ja noch berufstätig sei. Riet man der Mutter, ruhig mit ihren Kindern zu sprechen, verwies diese auf ihr leidenschaftliches Temperament, das nicht so einfach zu zügeln sei. Hatte eines der Kinder eine kleine Verletzung, reagierte die Mutter gereizt und vorwurfsvoll. Holte sie eines ihrer Kinder wegen eines Termins früher ab, sollte die Kita gewährleisten, dass die anderen drei Kinder nichts davon mitbekamen, da sie sonst auch mit wollten und weinten. Klappte das nicht, echauffierte sich die Mutter gerne bei anderen Eltern über die Kita und die mangelnde Unterstützung. Trotz des angeblichen Zeitmangels hielt Frau Q einen sehr regen Kontakt zu anderen Eltern, sie unterbreitete Verbesserungsvorschläge in der Kita-Arbeit, informierte Eltern auch gerne per Mails über vermeintliche Missstände und suchte aktiv nach Verbündeten im Kampf gegen die Kita – so jedenfalls kam es bei den Erzieherinnen an.

Kita und Familie haben sich in diesem Beispiel buchstäblich „die Zähne aneinander ausgebissen", mit dem Ergebnis, dass die Eltern oft unzufrieden mit der Kita und die Kita oft unzufrieden mit der Familie ist. Statt bereits nach kurzer Zeit die Situation als unveränderlich zu akzeptieren und den „Kampf" aufzugeben, versuchten Kita und Eltern über einen langen Zeitraum, eine gegenseitige Veränderung herbeizuführen. Das ist löblich, manchmal aber unmöglich. Die zehn Elterngespräche der letzten zwei Jahre, die täglichen kurzen Auseinandersetzungen beim Bringen und Abholen der Kinder, die Energie, die Kita und Mutter in Diskussionen und Rechtfertigungen aufgewendet haben, führten zu keinerlei Verbesserung.

In einem solchen Fall ist es das Beste, die Situation und die Familie zu akzeptieren, wie sie ist: Die Kita kümmert sich in der Kita-Zeit um das Wohl der Kinder – und zwar nach Kita-Regeln – und die Eltern kümmern sich außerhalb der Kita um das Wohlergehen ihrer Kinder nach ihren Familienregeln.

Beispiel: Marcel und Brigitte werden unterbrochen

Erzieherin Brigitte spielt mit Marcel auf dem Bauteppich. Er erzählt ihr gerade, dass er mal ein Baumeister werden möchte. Da steht Mutter L im Türrahmen. Sie möchte, dass ihr Kind „richtig" von Brigitte begrüßt wird. Zudem möchte sie Brigitte mitteilen, dass die Kleine starken Husten hat und heute unbedingt ihren Schal anziehen soll, wenn sie später rausgingen. Dann sagt sie zu ihrer Tochter: „Frag doch mal Brigitte, ob du mitspielen kannst bei ihr und Marcel!", und schiebt das Mädchen Richtung Bauteppich. Brigitte ist es mittlerweile so gewohnt, in ihrem Zusammensein mit Kindern unterbrochen zu werden, dass sie es schon gar nicht mehr bemerkt. „Ja, Marcel lässt dich sicher mitspielen, oder? Ich muss nämlich sowieso in die Küche und die Frühstücksteller holen. Oder möchtet ihr mir vielleicht dabei helfen?"

Marcel und Brigittes Spiel ist unterbrochen und Mutter L denkt sich, wie geschickt sie war, ihrer Tochter einen guten Start in ihren Kita-Tag verschafft zu haben. Mutter L hat ihr Kind in derselben Kita wie Mutter Q aus dem ersten Beispiel. Beide Mütter stehen häufig beisammen, tauschen sich aus und sehen sich als engagierte Eltern, die sich für die Belange ihrer Kinder und für ihre eigenen einsetzen. Wie alle Eltern sehen sie dabei zunächst sich und ihr Kind – insofern gilt für die meisten Eltern das Befangenheitsprinzip: Sie *können* gar nicht sachlich oder neutral mit der Kita umgehen, die ihr Kind besucht, und viele haben nur an den Aspekten der Kita-Arbeit Interesse, die unmittelbar ihr eigenes Kind betreffen.

Interessenkollisionen sind da vorprogrammiert, denn Erzieherinnen müssen außer den Kindern ihrer Gruppe auch noch die Kinder, denen sie während der Früh- oder Spätdienste oder in anderen Situationen begegnen, kennen, einschätzen und begleiten. Sie können gar nicht soviel Zeit und Energie für ein einzelnes Kind aufbringen, wie das eine Mutter mit einer überschaubaren Anzahl von Kindern kann. Dies führt leicht zu Missverständnissen in Standardsituationen des Kita-Alltags. Auch Erklärungsversuche würden eine solche Situation in Zukunft nicht verhindern können, denn Erzieherin und Mutter handeln aus ihrer Sicht der Wirklichkeit heraus. Damit müssen Erzieherinnen umgehen. Sie geben ihr Bestes für Kinder und Eltern, und die Eltern geben ihr Bestes für sich und ihre Familie. Wenn der größte gemeinsame Nenner zwischen Kita und Familien die Tatsache ist, dass sie alle Menschen sind (und damit nicht perfekt), so ist der kleinste gemeinsame Nenner die Liebe zu den Kindern. Die Kita stellt sich ihren Aufgaben, die Familien sorgen für sich und ihre Interessen. Wenn dies allerdings zu einer Belastung für alle Beteiligten wird, gilt es, neue Wege zu gehen.

4.3 Die Beziehungskultur pflegen – Eltern begegnen

Stellen Sie sich vor, Ihre Chefin wünscht sich, dass ab sofort die Beziehungskultur im Zentrum der Kita-Arbeit steht. Dafür werden die bisherigen oberflächlichen und unkonzentrierten Kontakte ad acta gelegt. Die Beachtung gilt ab sofort immer nur derjenigen Person, mit der man augenblicklich im Kontakt steht. Eine Vision? Vielleicht. Vielleicht aber auch nicht!

Wirklichen Kontakten Raum geben

Im Folgenden stellen wir Ihnen zunächst drei Beispiele dafür vor, wie unterschiedlich Kontakte ablaufen können. Die Bedeutung von Beachtung im alltäglichen Miteinander wird dabei deutlich.

Beispiele: „Häppchenkontakte"

Erzieherin Gaby steht frühmorgens im Flur mit Frau Kasper. Es geht um den morgigen Ausflug. Deren Tochter Lara ist bereits in den Gruppenraum gelaufen und spielt. Nach und nach kommen andere Eltern, um ihre Kinder abzugeben. Im Gruppenraum sitzt Maria, die zweite Erzieherin. Gaby bemüht sich, der Mutter zuzuhören. Doch sie fängt nur Bruchstücke der Unterhaltung auf. Gott sei Dank schnappt sie das Wesentliche auf, nämlich dass Lara nicht mitfährt, weil sie morgen zu einer Familienfeier eingeladen ist. Gaby lächelt mal hier mal da den ankommenden Eltern und Kindern zu. Die Kontaktfrequenz ist wie üblich hoch. Sie bemüht sich, den Kontakt mit der betreffenden

*Mutter aufrechtzuerhalten. Sie ist geübt darin, gleichzeitig mehrere „Kunden"
zu bedienen.*

„Multitalking" gehört zum Alltagsgeschäft einer Erzieherin. Schließlich
möchte Gaby, wie viele andere Erzieherinnen auch, allen Eltern und Kindern gegenüber freundlich sein und allen Beachtung schenken. Mit anderen Worten, sie möchte alle Menschen glücklich machen. Wenn sie das
schafft, fühlt sie sich gut – ein hoher Anspruch! Frau Kasper merkt trotzdem, dass Gaby nicht ganz bei der Sache ist. Sie sieht und hört, dass Gaby
auch all die anderen im Flur beachtet. Gaby teilt die Aufmerksamkeit auf.
Jeder bekommt ein Häppchen.

*Frau Kaiser spricht mit der Erzieherin, als sie ihre Tochter abholt. Lara sitzt
auf der Bank und ruft ihre Mutter. „Mama, zieh mir die Schuhe an, ich kann
das nicht." „Gleich mein Schatz, Mama unterhält sich gerade", antwortet
Frau Kaiser. Das allerdings hat Lara schon selbst bemerkt. Frau Kaiser
möchte sich bei der Erzieherin über den bevorstehenden Flohmarkt informie-
ren. Sie erfährt kurz etwas über die Organisation und wird dann wieder von
ihrer Tochter unterbrochen, die nun neben ihr steht und quengelt: „Mama,
ich will aber heute nicht zur Tante Magda." Die Mutter wendet sich wieder an
sie mit dem Hinweis: „Moment Lara, ich unterhalte mich noch".*

Auch Frau Kaiser möchte allen, in diesem Fall der Erzieherin und ihrer
Tochter, gerecht werden. Und wieder werden Häppchen verteilt, einige bekommt die Erzieherin, die anderen, auch wenn diese vielleicht nicht so gut
schmecken, bekommt Lara. Das „Häppchenphänomen" oder die „Allround-
Bedienung" kennen Erwachsene und auch Kinder zur Genüge. Doch stellt
diese Art des Kontakts die Beteiligten zufrieden?

Beispiel: Gaby bleibt gelassen

*Gaby ist konzentriert im Gespräch mit Frau König. Sie schaut die Mutter an,
und hört interessiert zu, wenn Frau König erzählt. Einige weitere Eltern kommen in die Garderobe und helfen ihren Kindern beim An- und Ausziehen.
Gaby unterhält sich ganz gelassen weiter. Sie beachtet die anderen Eltern und
Kinder nicht. Nach ca. vier Minuten beendet Gaby das Gespräch mit den
Worten: „Liebe Frau König. Wir haben alles geklärt. Bitte entschuldigen Sie,
aber es wird Zeit, dass ich nun in die Gruppe gehe. Einen schönen Tag wün-*

sche ich Ihnen". Frau König geht höchst zufrieden nach Hause. Sie fühlt sich rundherum wohl. Die Beachtung, die ausschließlich ihrer Person galt, wirkt wie Balsam. Gaby selbst fühlt sich ebenfalls wohl. Sie hat den kurzen Kontakt mit der Mutter genossen, weil sie den bisherigen Anspruch, alle Personen zugleich berücksichtigen zu wollen, abgelegt hat – welch eine Wohltat! Die Eltern, die während des Gespräches der Erzieherin mit der Mutter am Morgen nicht beachtet wurden, sind etwas irritiert. Es ist für sie eine zunächst befremdliche Situation, „nicht berücksichtigt" zu werden, zumal sie es ja anders gewohnt sind. Und doch sind sie irgendwie auch positiv beeindruckt, von diesem Bild der „kommunikativen Eintracht", das Gaby und die Mutter abgeben.

Die Erzieherin und das Team haben sich für den Ausstieg aus der ständigen „Allround-Bedienung" und für echte Beachtung entschieden. Ist Gaby in unserem Beispiel unfreundlich oder gar unhöflich, weil sie nur eine konkrete Person beachtet? Nein, Gaby hat sich entschieden, während der Kontakte mit Eltern immer mal wieder bewusst präsent zu sein! Sie hat sich gegen „Häppchen" und für einen „Riesenhappen", für echte Beachtung, entschieden. Sie achtet darauf, dass alle Eltern einmal in diesen Genuss kommen.

Tipp: Ein solcher Kontakt ist natürlich im dicksten Trubel und vor allem, wenn man alleine die Gruppe betreut, kaum zu realisieren. Wirkliche Beachtungsmomente sollten dann zum Zuge kommen, wenn die Situation es erlaubt!

Rollenspiel: Eins-zu-eins-Kontakt

Wie fühlt es sich an, wenn ich als Erzieherin einen echten Kontakt zulasse? Wie fühlt es sich an, wenn ich nicht alle gleichzeitig bediene, weil ich freundlich sein möchte, um dadurch vielleicht gemocht zu werden und beliebt zu sein? Es lohnt sich, dazu im Team ein Rollenspiel durchzuführen. Die Gefühle der Eltern während eines Eins-zu-eins-Kontakts können dabei ebenso nachempfunden werden, wie das Gefühl, nicht beachtet und nicht begrüßt zu werden, wenn die Erzieherin sich ausschließlich einer Person zuwendet. Ist es wirklich so unangenehm, in dem Moment nicht begrüßt zu werden, in dem zwei Menschen konzentriert und vertraulich miteinander reden? Kann dies auch als nachahmenswert empfunden werden? Tauschen Sie die Rollen.

Der Schrei nach wirklicher Beachtung ist bei vielen unüberhörbar. Auch Lara aus dem Beispiel zeigt, dass sie mehr davon benötigt. Kinder ahmen uns auch in diesem Punkt nach. Erleben sie häufig Erwachsene, die überall gleichzeitig kommunizieren, schauen sie sich auch ab, dass die Unterbrechung eines Gespräches „normal" ist. Zudem braucht ein Kind, welches selbst regelmäßig in den Genuss echter, positiver Beachtung kommt, weniger „Häppchenkontakte", weil es satt ist! Nach dem Motto „Ich bekomme in vielen Situationen eine Menge Beachtung, ich brauche sie nicht unbedingt jetzt, da sie einem anderen Menschen geschenkt wird".

Beachtung ist ein Grundbedürfnis. Jeder Mensch möchte wahrgenommen und als derjenige beachtet werden, der er ist. Doch im Alltag ist echte Beachtung eine Herausforderung. Wir müssen mit Gewohnheiten brechen, denn wir sind auf flüchtige Beachtung geeicht. Grußfloskeln, Küsschen rechts, Küsschen links, geteilte Aufmerksamkeit beim Zuhören – flüchtige Beachtung ist notwendig und wird täglich angewandt. Echte Beachtung zu schenken, ist dagegen für viele ein Schritt in unbekanntes Terrain. Was würde passieren, wenn mehr und mehr wirkliche Beachtung im Hinblick auf die Eltern und auf die Kinder im Kita Alltag ihren Platz finden würde? Eines ist ziemlich sicher: Die Beziehungsqualität würde wachsen, je häufiger und kontinuierlicher solche Kontakte gelebt werden. Und auch die Rücksichtnahme, ein Wert der in der Gesellschaft immer mehr verkümmert, würde größer werden.

Beispiel: Bitte Beachtung, keine Fotos!

Die persönliche Zugewandtheit ist durch nichts zu ersetzen! Machen Mütter und Väter die Erfahrung, dass auch ihnen einmal die ungeteilte Aufmerksamkeit einer Erzieherin gilt, können sie auch besser verstehen, wie wir uns das Zusammensein mit den Kindern vorstellen:

Ein großes Kita-Fest steigt, alle sind in heller Aufregung, ob das Wetter hält und die Organisation klappen wird. Geplant sind auch einige Auftritte der Kinder. Erwartungsfroh und gespannt warten die Eltern auf die Darbietungen ihrer Kinder. Da schnappt sich eine Erzieherin das Mikrofon und sagt:

„Ich habe ein wichtige Botschaft der Kinder an alle aufgeregten Familien zu überbringen: Bitte vergesst einmal die Camcorder, die Videokameras in euren Handys und die Fotoapparate. Setzt euch einfach nur hin und schaut uns zu, wie wir unseren Auftritt meistern. Erinnerungen müssen nicht immer auf einem Foto oder Video festgehalten werden, als hätten sie sonst nicht stattgefunden. Schaut uns an, lächelt uns zu, um uns aufzumuntern! Wir schauen euch nämlich viel lieber in die Augen als in eine Kameralinse. Zeigt uns, wenn ihr stolz auf uns seid! Speichert diese Bilder als Herzensbilder auf den Festplatten eurer Herzen. Vielleicht seht ihr ja in den Herzensbildern mehr, als die Kamera hätte einfangen können."

Sicher werden sich nicht alle Eltern diese Botschaft zu Herzen nehmen, viel zu sehr sind wir an die flüchtigen Momente und Kontakte im Alltag gewöhnt. Vielleicht werden aber doch manche Eltern nachdenklich und suchen den Augenkontakt zu ihren Kindern. Das wäre schon ein kleiner Erfolg.

Elternbegegnung statt Elternberatung

Wie viele Elterngespräche haben Sie schon geführt und wie oft haben Sie sich dabei darum bemüht, Eltern Ideen, Tipps und Ratschläge zu geben, wie Erziehung besser gelingen kann? Kennen Sie nachfolgende Situation?

Beispiel: Carla ist sprachlos

Nach drei Elterngesprächen mit Frau Köster innerhalb eines halben Jahres ist Erzieherin Carla regelrecht sprachlos. Bei der wirklich netten Mutter, die sich in den Gesprächen offen, zugewandt und einsichtig zeigt, ändert sich nichts hinsichtlich ihres Verhaltens ihrem Sohn Sven gegenüber. Der fast fünfjährige Sven verhält sich weiterhin äußerst respektlos. Mal tritt er sie vors Schienbein, mal schlägt er einfach auf sie ein und das meistens, wenn andere Personen dabei sind. Obwohl die Mutter von Carla die besten Tipps bekommen hat und Hinweise, wie sie diese im Kontakt mit ihrem Sohn ganz praktisch anwenden kann, ist keine Veränderung bei der Mutter in Sicht. Sie schimpft Sven in solchen Momenten weiterhin aus und kann ihm keine deutlichere Grenze aufzeigen.

Fälle wie diese gibt es zuhauf. Kinder wie Sven spiegeln den Erwachsenen, dass etwas nicht in Ordnung ist. Und Frau Kösters Vorhaben, das, was sie beim Elterngespräch verstanden und als Anregung „mitgenommen" hat, in die Tat umzusetzen, war ehrlich gemeint! Am liebsten würden sie gerne alles befolgen, was die Erzieherin ihr mit auf den Weg gegeben hat. Wenn das alles nur nicht so anders wäre, wenn sie es dann ausprobiert: Sven reagiert nämlich gar nicht auf die neue Wortwahl seiner Mutter: „Sven, stopp, das möchte ich nicht!" und auch nicht auf die begleitende Handbewegung, die ihre Worte unterstreichen soll. Sven hört zwar etwas anderes als sonst von seiner Mutter und er nimmt auch die neuen Zeichen seiner Mutter wahr, aber er spürt, dass seine Mutter unsicher ist dabei. Ihre Worte und ihr Verhalten sind nicht kongruent und so provoziert er seine Mutter weiterhin. Und auch Frau Köster ist ganz schnell wieder bei ihrem ursprünglichen Verhalten und alles dreht sich im Kreise.

Mit Einsicht allein lässt sich kein Verhalten ändern. Die Mutter von Sven braucht in diesem Zusammenhang etwas ganz anderes: Sie braucht Selbstbewusstsein und das Gefühl der Selbstwirksamkeit. Erst wenn Sven spürt, dass seine Mutter „echt" ist und nicht eine neue Umgehensweise an ihm testet, wird er sein Verhalten ändern. Genau an diesem Punkt kommen die unzähligen Elterngespräche einmal auf den Prüfstand.

Hand aufs Herz! Wenn uns jemand erklärt, wir müssten dringend etwas mehr für uns selbst tun, vielleicht mehr Sport treiben oder besser für unsere Entspannung sorgen, vielleicht unsere Ernährung umstellen oder endlich mal eine Auszeit nehmen – Einsicht zeigen wir sicherlich. Aber setzen wir etwas davon kontinuierlich um? Ja, wir gehen vielleicht einmal wandern, essen eine Woche gesund oder gönnen uns zwei Tage lang eine richtige Pause, und dann? Ja, dann fallen auch wir wieder in das alte Muster. Uns fehlt an dieser Stelle vielleicht nicht unbedingt das Selbstbewusstsein wie Frau Köster in unserem Beispiel, aber Fakt ist, wenn Erwachsene und auch Kinder etwas verändern wollen und sollen, dann reichen Gespräche nicht! Sie können allenfalls ein kleiner „Schubser" sein, damit etwas in Gang kommt.

Die Zahl der Elterngespräche reduzieren

Wie kommen nun Eltern in die Gänge! Wie können wir Eltern „an die Hand nehmen" und wollen Eltern überhaupt an die Hand genommen werden? Ist ein Gespräch mit einer völlig überlasteten alleinerziehenden Mutter über die Sprachschwierigkeiten ihrer Tochter überhaupt sinnvoll? Würde ein solches Gespräch ihre Sorgen nicht noch vergrößern und ihr eine weitere Last aufladen?

Menschen sind zwar grundsätzlich lernfähig, aber nicht unbedingt belehrbar! All die gut gemeinten Tipps und Ratschläge sind von kurzer Erfolgsdauer, weil sie nicht die Gesamtsituation einer Familie, einer Mutter oder eines Vaters berücksichtigen (können). Nachhaltiger ist es, wenn die Möglichkeit der Selbsterkenntnis, des Selbsterarbeitens gegeben ist. Sollten Erzieherinnen deshalb auf Elterngespräche verzichten? Nein, aber sie können die Anzahl reduzieren. Der passende Moment spielt eine wesentliche Rolle, z. B.:

* Bei einem jährlichen Gespräch über die Entwicklung des Kindes. Hier steht das Kind im Fokus, nicht das Erziehungsverhalten der Eltern. Eltern zeigen hier meist großes Interesse.
* Wenn Eltern von sich aus die Unterstützung der Erzieherin wünschen. Hier kann Hilfe passend sein, weil die Initiative von den Eltern ausgeht.
* Erzieherinnen machen Eltern in Gesprächen auf besondere und länger andauernde Verhaltensirritationen bei Kindern aufmerksam und weisen auf weitere unterstützende Maßnahmen hin.

Alle sonstigen „Ratschläge-Gespräche" können eingespart werden. Zudem wäre es sinnvoll, wenn Erzieherinnen statt der Gespräche mit Eltern das Augenmerk auf den ganzen Menschen legen würden. Denn wenn Eltern für die Erziehung ihrer Kinder gestärkt werden sollen, dann kann diese Stärke nicht aus dem Kopf allein kommen, sondern Körper, Geist und Seele müssen zusammenspielen. Die Zeit für Elterngespräche könnten für Elternangebote wie Yoga, Taiji und Co. genutzt werden.

Veränderung in Mini-Schritten anregen

Der Mensch entwickelt im Laufe seines Lebens Gewohnheiten. Das Gehirn dient diesen als Dauerwohnsitz. Neurowissenschaftler gehen davon aus, dass es bis zu neun Monate dauert, bis eine alte Gewohnheit deaktiviert und eine neue installiert ist. Unsere kleinen grauen Zellen würden verkümmern, wenn wir nicht immer wieder neue Dinge lernen würden. Doch was ist zu tun, wenn Gewohnheiten nicht mal eben so ausgetauscht werden können?

„Kaizen" nennen die Japaner die Technik, mit der man ungeliebte Gewohnheiten über Bord werfen kann. Beim „Kaizen" geht es um Mini-Schritte, um ganz kleine Fortschritte. Sind die Schritte, sprich die Vorhaben, zu groß, dann befürchten wir, die Kontrolle zu verlieren, und reagieren darauf mit Flucht. Bei einem Mini-Schritt aber haben wir das Gefühl, alles im Griff zu haben. Lassen Sie uns doch den Japanern einmal nacheifern, wenn es um die Unterstützung von Eltern geht. Im Fall von Frau Köster aus dem Eingangsbeispiel könnten diese Mini-Schritte beispielsweise so aussehen:

- Bisherige Gewohnheit: schimpfen. Erster Mini-Schritt zur neuen Gewohnheit könnte sein: nicht schimpfen, sondern klar und deutlich „Aua" sagen und den Schmerz anzeigen.
- Klar und deutlich „stopp" sagen und ein Handzeichen geben (siehe Kapitel 2.2) oder wenn möglich festhalten.

Wichtig ist die immer gleiche Handlungsweise als Reaktion auf das provozierende Verhalten des Kindes.

Eltern übernehmen Verantwortung

Es gibt Eltern, die sich bestimmte Aktivitäten oder Veranstaltungen in einer Kita wünschen, vielleicht weil sie wissen, dass dies in anderen Kitas so praktiziert wird, vielleicht weil sie total von ihrer Idee überzeugt sind. Und auch Erzieherinnen treten an Eltern heran, weil sie sich deren Mitarbeit bei einem Vorhaben wünschen und/oder die besonderen Fähigkeiten von Eltern als Anregung in die Gruppenarbeit einbringen möchten. Eltern übernehmen dann gerne Verantwortung, wenn sie dabei etwas Positives erleben und ungern, wenn sie eine Aufgabe als belastend empfinden. Haben Eltern den direkten Bezug zu ihrem eigenen Kind, hat also ihr Kind einen Gewinn aus ihrem Engagement, dann sind sie gerne bereit, sich einzubringen.

Beispiel: Eltern aktiv einbinden

Das Team hat gerade die Jahresplanung festgelegt. Vom Großelternnachmittag bis zu einem Lichterfest zu Weihnachten ist wieder einmal alles dabei. Eine Woche später wendet sich Frau Böhner mit einer Bitte an die Leiterin. Sie macht ihr den Vorschlag, doch einmal einen Flohmarkt in der Kita zu veranstalten. Sie fände das eine ganz tolle Aktion. Die Souveränität der Leiterin ist allen bekannt. Sie versteht es, mit Eltern umzugehen. Ganz zugewandt lobt sie den Vorschlag der Mutter. Flohmärkte wären etwas Wunderbares. Sie erzählt Frau Böhner dann, dass das Team andere Aktivitäten geplant habe, ein Flohmarkt mit ganz viel Arbeit verbunden sei und zu viel Zeit benötigen würde. Zum Schluss bietet sie der Mutter an, selbst mit anderen Eltern zusammen einen Flohmarkt zu organisieren.

Frau Böhner nimmt das in die Hand. Schnell hat sie eine Elterngruppe zusammen, die den Flohmarkt mit ihr plant und durchführt. An einem Samstag treffen sich die sechs Helfer um acht Uhr morgens. Es regnet und der Flohmarkt muss in den Kita-Räumen stattfinden, d. h. die Möbel müssen zur Seite gerückt und verstaut werden, damit die Tapeziertische aufgebaut werden können, schließlich soll ja in allen Räumen etwas verkauft werden. Es ist anstrengend für alle. Um zehn Uhr kommen dann die Verkäufer, die ihre Tische belegen. Die Helfertruppe hatte gerade erst die vorbereitenden Maßnahmen beendet. Als dann um 16 Uhr fast alles verkauft ist, kommen die Organisatoren wieder zum Einsatz: Alles muss so aussehen wie vorher, das hatte Frau Böhner mit der Leiterin so abgesprochen.

Wünsche und Forderungen nach bestimmten Aktivitäten und Veranstaltungen von Seiten der Eltern werden oft geäußert, ohne dass die Eltern eine Vorstellung davon haben, was es bedeutet, eine solche Aktion zu organisieren. Zudem fallen unzählige Überstunden für die Erzieherinnen an, wenn das Team bei einer solchen Aktion wie einem Flohmarkt aktiv wird. Flohmärkte, Bastelnachmittage oder -abende und vieles mehr können Eltern eigenständig durchführten. Eltern bekommen auf diese Weise kein „Nein" von den Erzieherinnen, sondern ein „Ja", ihr könnt es machen. Frau Böhner hat nun selbst erfahren, was es heißt, eine solche Aktion zu gestalten. Vielleicht hat es ihr trotz aller Anstrengung Spaß gemacht und sie empfindet Stolz darüber, dass alles so gut gelaufen ist.

Beispiel: Julias Mama fährt gerne Rad

Ein anderes Beispiel aktiver Verantwortungsübernahme durch Eltern zeigt, dass es manchmal Kleinigkeiten sein können, die Großartiges bewirken:

Anke und Eleni beschäftigen sich mit den Kindern ihrer Piratengruppe gerade mit dem Thema Familie. Die Kinder erzählen von den Familienmitgliedern, es werden Stammbäume mit Fotos gestaltet und die Idee eines Fragebogens an die Familien entsteht. Kinder und Erzieherinnen stellen gemeinsam Überlegungen an, welche Fragen sie den Eltern, Großeltern, Tanten, Onkel oder Geschwistern gerne stellen möchten, und nach einiger Zeit finden die Pirateneltern den Fragebogen in ihrer Elternpost im Flur. Die Fragen an die Eltern der Piratenkindergruppe zum Thema „meine Familie" lauteten:

- *Wie lautet dein Name?*
- *Wie alt bist du?*
- *Wie groß bist du?*
- *Was ist deine Lieblingsfarbe?*
- *Welche Sprachen kannst du sprechen?*
- *Kannst du gut kochen oder backen?*
- *Was isst du am liebsten?*
- *Kannst du Fußball spielen oder machst du eine Sportart?*
- *Was ist dein Lieblingstier?*
- *Kannst du Auto fahren?*
- *Was magst du besonders gerne?*
- *Wie bist du mit dem Kind … verwandt?*
- *Hast du einen Beruf?*

Als Anke und Eleni die ausgefüllten Fragebögen auswerten, entdecken sie mit den Kindern, dass Julias Mama gerne Fahrrad fährt, Anastacias Papa von Beruf Koch ist, Yusufs Papa LKW-Fahrer und dass er gerne Fußball spielt und dass Andys Schwester Ballet liebt. Noch viele Talente, Neigungen oder Kompetenzen kommen bei den unterschiedlichen Familien der Piratenkinder zum Vorschein. Ohne großes Planen oder Vorbesprechungen sprechen nun die beiden Erzieherinnen einige Eltern an, ob sie sich vorstellen können, ihr Wissen oder ihre Fähigkeiten in die Kindergruppe einzubringen. Und so kommt es, dass Julias Mama ein Fahrsicherheitstraining in der Verkehrsschule organisiert, Termine abstimmt und die Fahrscheine für den Anfahrtsweg besorgt. Sie begleitet dann die Kinder und deren Erzieherinnen und freut sich, ihre Erfahrungen als begeisterte Radfahrerin einbringen zu können. Anastacias Papa kocht mit den Kindern an einem Vormittag in der Gruppe eine Gemüsesuppe auf einem mobilen Zweiplattenherd und erklärt die Zutaten. Anastacia strahlt voller Stolz und ihr Papa genießt seinen großen Auftritt vor den Kindern. Yusufs Papa kann bei einer Sandlieferung mit seinem LKW behilflich sein und bei der Abholung eines gespendeten Möbelstücks. Andys Schwester darf an einem Tag in den Schulferien mit ihrer besten Freundin ein kleines Ballettstück im Morgenkreis vortanzen.

Aus solchen Aktivitäten ziehen die Kinder sehr viel an Bindungserlebnissen und Selbstbewusstsein. Sie erleben hautnah die bunte Vielfalt an menschlichen Eigenschaften und können die Schnittmengen zwischen Kita-Alltag und Familienleben genießen. Die Eltern bringen sich gerne ein, weil ihr Einsatz einen direkten Bezug zu ihrem Kind hat.

4.4 Elterninfos, Elternabend, Workshops & Co.

Der Elternabend zum Thema „Gesunde Ernährung" ist seit drei Wochen durch einen Aushang an der Info-Wand angekündigt. Alle Eltern sind wie immer herzlich eingeladen. Der Blick auf die Liste drei Tage vor dem Termin lässt wenig Freude aufkommen: Es haben sich nur sechs Eltern angemeldet. Eine persönliche Ansprache soll es richten. Alle Kita-Eltern werden noch einmal direkt motiviert, auch teilzunehmen. Das Turnen fällt aus, ein Zoobesuch steht an sowie ein gemeinsames Frühstück. Aushänge weisen darauf hin und Listen hängen aus, in die sich die Eltern eintragen sollen. Doch die Listen sind nur spär-

lich gefüllt und am Ende des Kita-Tages häufen sich die Vorwürfe, dass das Turnen wieder mal ausgefallen ist. Muss das so sein?

Informieren ohne Aufwand

Für einen reibungsarmen Ablauf im Kita-Alltag ist ein guter Informationsfluss zwischen Eltern und Erzieherinnen unerlässlich. Gerade Personalengpässe sind in vielen Kitas keine Seltenheit. Neben dem knapp bemessenen Betreuungsschlüssel gibt es regelmäßige Ausfälle durch Krankheit, Urlaubstage oder Fortbildungen, die besucht werden. Manche Aktivitäten fallen bei personaler Unterbesetzung selbstverständlich aus und das regelmäßige Pantoffelchaos an solchen Tagen ist vorprogrammiert. Auch viele andere Alltagssituationen sind einfach anders, als an einem Tag, an dem alle Erzieherinnen an Bord sind. Das zieht Fragen von Seiten der Eltern nach sich, die die Erzieherin dazu auffordern, Rechenschaft darüber abzulegen, warum dieses und jenes anders als geplant vonstattenging. Eine Information im Vorfeld kann da hilfreich sein und unnötige Erklärungen reduzieren.

Gaby, Petra und Conny sind heute nicht da

Im Eingangsbereich der Kita gibt es eine Liste mit einem Portraitfoto von jedem Mitglied des Teams. Die Fotogesichter hängen in einer Reihe untereinander jeweils in einer Folienhülle, in die man hineingreifen kann. Ist eine Erzieherin krank, zur Fortbildung oder im Urlaub, wird das Foto umgedreht, sodass nun der Hinterkopf der betreffenden Person zu sehen ist. Für alle Kinder und Eltern, die morgens in die Kita kommen, ist die personelle Situation sofort ablesbar. Die Eltern lesen daneben den folgenden Text:

Liebe Eltern,

alle Erzieherinnen in der Kita „Sonnenstrahl" geben stets ihr Bestes. Doch auch Erzieherinnen sind manchmal krank. Sie besuchen hin und wieder eine Fortbildung und manchmal benötigen sie Urlaub. Die Gesichter der Erzieherinnen zeigen ihre Anwesenheit an, die Hinterköpfe entsprechend ihre Abwesenheit. So sind Sie immer bestens informiert. Bitte haben Sie Verständnis, wenn bei Personalmangel einiges anders verläuft. Das Turnen kann ebenso ausfallen, wie der Ausflug oder das gemeinsame Backen. Eines sei Ihnen versichert, auch bei personellen Engpässen geben wir unser Bestes.

Diskutieren Sie im Team Ihre Sichtweise: Zeigen wir die jeweilige Personalsituation offen an oder sollen die Eltern keinen Einblick bekommen, wer, wann, wie oft nicht anwesend ist?

Elternfächer

Wie können Erzieherinnen Informationen weitergeben und die Eltern erreichen, ohne ihnen hinterherzulaufen und sich den Mund fusselig zu reden, wenn Aushänge und Info-Wände nichts nützen? Sie können z. B. Elternpostfächer einrichten und dort sämtliche Infos ausschließlich in Schriftform verteilen. Aushänge, Plakate, Werbung, Listen und Hinweise auf Veranstaltungen verschwinden aus der Kita. Die Wände im Eingangsbereich und die Gruppentüren sind frei von Aushängen. Dadurch steigen zwar die Kopierkosten deutlich an, aber die Informationsflut und vor allem das zeitraubende Hinterherlaufen fallen weg.

Doch auch bei diesem Vorschlag gilt: Veränderungen zu verankern, benötigt Zeit. Manche Eltern, die ihre Elternpost nicht mitnehmen oder nicht (richtig) lesen, verpassen vielleicht den Zoobesuch ihres Kindes und werden sauer sein, weil ihr Kind dann nicht mitdarf. Auch hier ist es wichtig, nicht ins Diskutieren oder Erklären abzurutschen, sondern auf den Team-Beschluss zu verweisen. Zur Beruhigung sei gesagt, dass sich mit der Zeit auch die letzten Eltern daran gewöhnen werden.

Tipp: Diese Maßnahme lässt sich gut mit dem Vorschlag aus Kapitel 4.1 „Locker vom Hocker" kombinieren.

Elternabend – je mehr Eltern, desto besser?

Sie kennen das bestimmt: Sie planen einen Elternabend zu einem bestimmten Thema und es haben sich, obwohl Sie die Eltern auch persönliche angesprochen haben, nur neun Eltern in die ausgehängte Liste eingetragen. Ist es sinnvoll *nur* für diese neun Eltern eine solche Veranstaltung zu organisieren? Eltern werden zu allen möglichen Elternabenden und

Nachmittagen eingeladen. Neben pädagogischen Themen werden auch Veranstaltungen mit ganz praktischen Inhalten angeboten. Es wird getanzt, geturnt und gemeinsam gespielt. Eltern werden Trommelkurs und Yoga ebenso angeboten wie das Kochen und Gärtnern.

Die Vielfalt der Angebote ist bemerkenswert. Erzieherinnen geben sich alle Mühe, Eltern ins Boot zu holen. Doch wo bleiben sie, die Eltern? Erzieherinnen wünschen sich verständlicherweise, dass Eltern Interesse an ihren Veranstaltungen zeigen. Sie geben ihr Bestes, entwerfen fantasievolle Plakate und formulieren motivierende Einladungen gewürzt mit lustigen Sprüchen uvm. Woran liegt es, dass sich nur wenige Eltern interessieren, und was können Sie tun, damit die Angebote besser angenommen werden?

Wie wäre es, wieder einmal eine andere Perspektive einzunehmen? Warum ist eine Veranstaltung erst gut, wenn viele Eltern daran teilnehmen? Hängt die Qualität einer Veranstaltung in der Kita wirklich von der Menge der Menschen ab, die sie besuchen? Wer bestimmt denn, wie hoch die Teilnehmerzahl sein muss, damit es *viele* sind? Sie bestimmen das, oder etwa nicht? Statt Eltern zu einer Teilnahme zu überreden und immer wieder alle Hebel in Bewegung zu setzen, damit auch bloß noch mehr kommen, kann eine neue Einstellung alles bisher Gewohnte auf den Kopf stellen: Egal, wie viele Eltern kommen, der Nachmittag oder der Abend wird wunderbar! Das Gelingen ist unabhängig von der Teilnehmerzahl!

Wir bieten viele kleine Elternveranstaltungen an, damit so viele Interessen wie möglich abgedeckt werden. Wenn eine kleine Gruppe von Menschen sich trifft, um gemeinsam zu kochen, dann kann wirkliche Begegnung stattfinden. Alles kann in einer ruhigen Atmosphäre ablaufen und die Kontakte untereinander sind intensiver. Die kleine Gruppe wird als wirkliche Gruppe empfunden und wahrgenommen. Die Erzieherin kann ausführlich mit allen Eltern in Kontakt treten. Zeit, Raum und Muße sind gegeben. Wie oft reden Erzieherinnen von Qualität? Mit kleineren Veranstaltungen ist sie garantiert!

Workshops

Die Workshopthemen orientieren sich an den Fähigkeiten und Talenten der Erzieherinnen. Jede Erzieherin bietet einmal im Jahr das an, was sie besonders gut kann:

- Gaby ist eine hervorragende Sportlerin. Sie bietet ein oder mehrere Bewegungsnachmittage für Eltern an, vielleicht auch für Eltern mit Kindern.
- Susanne ist ein Kommunikationstalent. Sie lädt die Eltern zu einem gemütlichen Beisammensein ein, bei dem einfach alle miteinander ins Gespräch kommen.
- Jutta ist eine Computerfachfrau. Sie bietet einen kleinen PC-Kurs an.
- Gertrud liebt das Basteln. Wer gerne einmal einen besonderen Weihnachtskalender für die Familie basteln möchte, bitte melden.
- Karin hat ein außergewöhnliches Hobby. Sie näht ganz ausgefallene Teddybären. Wer auch einen solchen Teddybären nähen möchte, bitte bei Karin melden.
- Josefa kennt sich bestens aus mit Gesundheitstipps für die Kleinsten.

Eltern freuen sich, wenn sie auf eine vertraute Person wie die Erzieherin treffen. Durch die eher kleinen Gruppen, die sich zu solchen Workshops einfinden, kann die Erzieherin auf jeden einzelnen Teilnehmer besonders intensiv eingehen. Der Kontakt der Eltern untereinander wird gefördert, da direkte kleine Gespräche eher möglich sind, als bei größeren Veranstaltungen.

Das Blind Date

Jedes Jahr gibt es in der Kita ein Blind Date für die Eltern. Niemand von den Eltern weiß, was an diesem Nachmittag bzw. Abend passiert. Nur eines ist klar. Es ist ein Treffen, das ohne jeglichen „pädagogischen Beigeschmack" abläuft, z. B.:

- Eine wirklich lustige Spielerunde. Dazu gibt es zahlreiche Literatur.
- Ein Ratebuffet: Mit geschlossen Augen werden kleine Häppchen verspeist. Wer rät, was es ist? Obst- und Gemüsestücke, Nüsse und Naschwerk benötigen zur Bereitstellung kaum Aufwand.

- Ein Quizabend
- „Als wir Kinder waren": Austausch von Kindheitserinnerungen. Auch die Erzieherin erzählt von sich. Das schafft Nähe!
- Eine Teezeremonie mit allem, was dazu gehört
- Experimente mit Wasser, Feuer, Farben und Co.
- Ein Zauberer führt Kunststücke vor und gibt einige davon preis.
- Gemeinsam Fingerfood herstellen und dann auch verspeisen
- Ein Experte zum Thema „Humor" oder zum Thema „seelische Gesundheit" ist eingeladen.

Sicherlich fallen Ihnen weitere Ideen dazu ein!

Elternkurse – wenn Eltern nicht wollen

Elternkurse, Elterntraining oder auch Elternschule sind stark im Kommen. Die Idee, Eltern stark zu machen für ihre Kinder, ist zweifellos gut. Und wie viele Eltern könnten eine solche wohlwollend gemeinte Unterstützung gut gebrauchen? Obwohl auch so manche Akademikerfamilie davon profitieren könnte, so sind es doch vor allem Eltern mit besonderen Problemlagen, die Hilfe bräuchten. Viele Familien leben zum Teil in beengten Wohnverhältnissen, sind ärmer und ungebildeter als der Durchschnitt der Bevölkerung und sie leiden häufiger unter vermeidbaren Krankheiten. Sie zeichnen sich ebenso durch ein schlechtes Zeitmanagement aus wie durch ein unausgewogenes und inkonsequentes Verhalten. Die Erziehung ihrer Kinder ist geprägt von einem ständigen Wechsel zwischen Nachlässigkeit, Gewähren lassen, Grenzen setzen und Verwöhnung. Unkontrollierte Disziplinierungsmaßnahmen sind keine Seltenheit. Das alles führt nachweislich zu Bindungsstörungen bei den Kindern.

Doch leider melden sich zu Elternkursen meist keine Eltern mit besonderen Problemlagen an und suchen Unterstützung. Warum nicht? Sie möchten ihre vermeintlichen oder gegebenen Unzulänglichkeiten nicht in der Öffentlichkeit preisgeben. Sie möchten sich nicht mit dem zeigen, was sie vielleicht nicht können oder nicht wissen. Sie haben Angst, sie könnten den Ansprüchen nicht genügen, und lehnen eine Einmischung in ihren Lebensalltag und in die Erziehung ihrer Kinder ab. Sie haben ein Problem damit, ihre Kinder so zu erziehen, wie es die Gesellschaft außerhalb ihrer

Randgruppe erwartet, und entwickeln im Laufe der Zeit Vermeindungs-
haltungen, um dem öffentlichen Leben fernzubleiben. Viele dieser Eltern
haben mehrfach die Erfahrung gemacht, dass sie, wenn sie zu einem Gespräch gebeten werden, Vorhaltungen über ein Fehlverhalten zu hören
bekommen. Und so kommt es nicht von ungefähr, dass Eltern mit besonderen Problemlagen keine Elternkurse besuchen. Sie sind mit ihren eigenen Problemen beschäftigt. Diese Klientel möchte keine Hilfe! Und nun?
Wie sind sie zu erreichen, die sogenannten schwer erreichbaren Eltern?

Wertschätzende Kontaktpflege

Schwer erreichbare Eltern – das klingt schon nach harter Arbeit, aber
auch nach „geistiger Schublade", aus der es auszubrechen gilt. Eine wertschätzende Grundhaltung kann hier Abhilfe schaffen. Wenn Eltern keiner
Bewertung unterliegen, wenn Erzieherinnen sie nicht in ein Schema von
guten und schlechten Eltern pressen, wenn also Eltern so sein dürfen, wie
sie sind, dann löst sich zu allererst das Gefühl auf, gegen etwas ankämpfen
zu müssen. Das bedeutet: Leicht erreichbare Eltern dürfen leicht erreichbar sein, mittelschwer erreichbare Eltern dürfen mittelschwer erreichbar
sein und schwer erreichbare Eltern dürfen schwer erreichbar sein. Punkt.

Wenn alles vermeintlich Gute und Richtige akzeptiert wird, warum nicht
auch Umstände, die weniger attraktiv sind? Statt also gegen die Unerreich-
barkeit anzukämpfen, wird sie zuallererst einmal einfach akzeptiert. Erst
dann kann sich die Konzentration auf etwas anderes verlagern. Dann steht
nicht mehr das Problem im Fokus, wie wir Eltern davon überzeugen können, dass etwas so und so besser ist. Vielmehr entsteht Raum für viele
kleine, spontane und zwanglose Begegnungen mit *allen* Eltern. Bei solchen, rein menschlichen Begegnungen finden auch Eltern aus Problemfa-
milien die ihnen zustehende Beachtung. Ihre Kinder besuchen schließlich
die Kita und haben ein Recht darauf, dass auch ihre Eltern, die sie selbst
so vorurteilsfrei lieben, eine wertschätzende und respektvolle Haltung
erfahren.

Emotionalen Auftrieb kann eine tägliche frohe Botschaft über das eigene
Kind geben, wie bereits beschrieben. Wenn Mutter oder Vater sich selbst
als minderwertig empfinden, dann können positive Rückmeldungen über

das eigene Kind eine positive Bestätigung sein. Es ist schließlich das eigene Kind, das da so gelobt wird, das besondere Dinge gut kann und hier und da einen guten Eindruck macht. Ganz achtsam können dann ab und zu kleine Gespräche in Gang kommen, ganz ohne Zielsetzung, ohne Anspruch von Seiten der Erzieherin, allein des wertschätzenden Kontaktes wegen. Es spielt keine Rolle, was das Kind noch alles lernen sollte, der Aufbau eines Vertrauensverhältnisses zwischen Erzieherin und Eltern ist vorrangig. Es sind die kleinen Schritte, die eine Annäherung an diese Familien ermöglichen.

4.5 *Feste feiern ohne Aufwand*

In jeder Kindertageseinrichtung gibt es eine ganze Palette an Angeboten, die sich an die ganze Familie richten wie Weihnachtsfeiern, Sommerfeste, Eltern- und Kind-Nachmittagen und vieles andere mehr. Der organisatorische Aufwand solcher Veranstaltungen ist vielfach hoch und bindet Zeit, die im Kontakt mit den Kindern fehlt. Es werden Listen ausgehängt, die dazu motivieren, Kuchen oder diverse andere Dinge zu spenden. Daneben hängt die Helferliste, in die sich Eltern eintragen sollen, und organisatorische Vorkehrungen müssen ebenso besprochen werden wie der Personaleinsatz an diesem Tag. Hoffentlich spielt das Wetter mit, wenn nicht, was dann?

Es gibt viele wunderbare Feste, die bereits in Kitas gefeiert wurden, und es spricht auch nichts dagegen, immer mal wieder ein Fest zu feiern. Es gehört zum Kulturgut und das will gepflegt werden. Wir möchten an dieser Stelle deshalb Ideen vorstellen, die das Feiern ohne viel Aufwand für das Erzieherinnen-Team möglich machen und es wert sind, einmal ausprobiert zu werden.

Feste feiern ohne Geschenke

Feiern Sie Feste wie Weihnachten, Muttertag, Vatertag oder Ostern mal alternativ. Schenken Sie sich und den Familien Zeit miteinander. Eine Radtour zum Fluss mit anschließendem Picknick, ein Familiennachmittag als „Bottleparty" im Garten, zu der jede Familie das an Speisen mitbringt, was sie hat und mag, ein Kinofilm im Gemeindesaal, den alle zusammen über einen Beamer anschauen, oder eine Familienwanderung in den Feldern. Das kann auch an einem Freitagnachmittag oder einem Wochenende stattfinden. Für die Kolleginnen ist es Arbeitszeit; es müssen auch nicht alle daran teilnehmen. Es entfällt das stressige Suchen nach Geschenkideen, das Basteln und Verpacken und es setzt einen Impuls, einmal Familienzeit ohne Fernseher oder Computer zu verbringen. Für die Kinder ist es wie ein riesiges Familienfest und für die Erzieherinnen keine zusätzliche Arbeit, sondern einfach eine andere Form der Arbeit.

Das Spielplatzfest

Die Außenanlage der Kita ist den Kindern bestens vertraut. Wie viele Eltern sind schon einmal gerutscht, geklettert oder haben eine Matschanlage im Sandkasten gebaut? Und wie sieht es mit den Erzieherinnen aus? Wie oft toben, klettern, hangeln, balancieren sie selbst, fahren Roller und springen Seil? Was in Kindertagen Erzieherinnen und Eltern glücklich machte, kann doch auch heute noch glücklich machen, oder etwa nicht? Wie wäre es, das nächste Sommerfest als Spielplatzfest zu gestalten? Das Spielplatzfest lädt ein, alle vorhandenen Spielmöglichkeiten gemeinsam zu nutzen. Die Betonung liegt hier auf gemeinsam. Es ist normal, dass Kinder unter sich rutschen oder vom Kletterturm springen. Aber wenn auch Mutter und/oder Vater und die Erzieherinnen dies tun, dann ist das etwas Außergewöhnliches. Traut sich Papa, so hoch zu klettern wie ich? Traut sich Mama von der hohen Rutsche zu rutschen und wie steht es mit dem Schaukeln, manchen soll davon schwindelig werden?

Mit etwas Vorstellungskraft können sich Erzieherinnen leicht ein Bild davon machen, welche Gaudi ein solches Fest sein kann, vorausgesetzt, sie selbst sind Akteure in der ersten Reihe. Eine mögliche Einladung an die Eltern lautet:

Liebe Familien,

in diesem Jahr laden wir alle Eltern und Kinder zum Spielplatzfest ein. Gemeinsam werden wir unser Außengelände, unseren Spielplatz erobern. Trauen Sie sich! Wir rutschen, klettern, bauen Sandburgen, spielen Gummitwist, springen Seil und wir fahren vielleicht auch mit dem Roller. Tragen Sie bequeme Kleidung!

Jede Familie versorgt sich selbst. Also packen Sie in Ihren Rucksack etwas zu essen und zu trinken. Packen Sie auch Trinkbecher, evtl. Besteck und eine Decke ein. Nach dem Spielen gibt es ein Riesenpicknick auf der Wiese. Wir freuen uns auf Euch. Um 15:00 Uhr beginnt das Fest, um 17:00 Uhr endet es! Bei Regenwetter verschieben wir das Fest um eine Woche.

Ist das nicht wunderbar einfach und doch so genial? Es wird ein Fest gefeiert ganz ohne Organisationsaufwand, ohne hohen Anspruch an Attraktionen, ohne Wettkampfcharakter, ohne Vorgaben, ohne besondere Angebote? Alles was schon da ist, wird genutzt! Alle sonstigen Umbaumaßnahmen entfallen. Es müssen weder Tische noch Stühle geschleppt werden. Es muss nichts dekoriert werden. Niemand muss Großeinkäufe machen und Getränke schleppen. Es gibt keine Kuchenspenden-Listen. Es gibt keine Helfer-Listen für Spielstände.

Nach ca. anderthalb Stunden gemeinsamer Spielzeit ertönt eine Glocke oder dergleichen. Alle Familien suchen sich einen Platz auf der Wiese und breiten ihre Decke auf. Guten Appetit heißt es dann und ja, es darf getauscht und gegenseitig probiert werden, schließlich gibt es ein solches Riesenpicknick nicht alle Tage und das möchte erkundet werden.

In jeder Kita gibt es mindestens ein musikalisches Talent unter den Eltern oder auch unter den Erzieherinnen. Wenn dann zum Abschluss mit Gitarrenbegleitung gemeinsam gesungen wird, beendet dies ein garantiert gelungenes Fest. Die Glocke ertönt zum Abschluss noch einmal. Alle Familien packen ihren Rucksack. Welche eine Wohltat für das Team: kein Abbauen, kein Abräumen, kein Spülen. Allein Bälle, Hula-Hoop-Reifen und Roller usw. müssen ins Spielzeughaus zurückgeräumt werden. Was glauben Sie, kann ein solches Fest Spaß machen?

5.
Ausblick – die Kita
ein Kraftort für alle!

Die abschließende Botschaft, die Kita möge ein Kraftort für alle sein, macht zunächst eine Klärung des Begriffs „Kraftort" notwendig. Nähert man sich von den ursprünglichen Bedeutungen der Wortteile her, kann man Kraftort als eine Stelle oder einen Platz beschreiben, an der oder dem Kraft ihre Wirksamkeit entfaltet. Die Kita als ein Ort der Kraft, an dem Menschen zusammenkommen, die gemeinsam etwas bewirken wollen und können.

Wir haben in diesem Buch auf die Selbstbestimmung und Eigenverantwortlichkeit von Erzieherinnen hingewiesen und dargelegt, dass Erzieherinnen sich dann wohlfühlen in einer Kita, wenn für sie die Anforderungen an ihre Arbeit leistbar und wandelbar sind. Überforderung durch Multitasking und stetig steigende Anforderungen von außen gilt es tun-

lichst zu vermeiden. Hingegen sind es genau jene Situationen, die Kolleginnen in kleinen Kindergruppen oder in Eins-zu-eins-Begegnungen erleben, die vollste Unterstützung erfahren sollen. Auch der Mut zum Stopp-Sagen und eine kolleginnenzentrierte Leiterin erhalten förderliche Rahmenbedingungen in einem Team.

Eine gesunde Haltung gegenüber Vorgesetzten einzunehmen, kann bedeuten, auch mal all seinen Mut zusammenzunehmen und Ängste und Überforderung einzugestehen. Hilfe einzufordern, kann sich durchaus als positiv in Arbeitsbeziehungen herausstellen. Ein Umdenken kann hier nur auf der Seite der Betroffenen erfolgen, denn die Arbeitgeber werden ihren Arbeitnehmerinnen so lange alles abverlangen, wie diese bereit sind, es zu geben.

Der Neurobiologe und Hirnforscher Gerald Hüther fordert die Revolution im Bildungsbereich von unten: Mit mutigen Schritten raus aus dem Bildungswahnsinn und dem Teufelskreis aus dauernder Überforderung – Fachbücher lesen – Neues ausprobieren – Überforderung – Weiterbildung – Neues ausprobieren –Überforderung – Stressbewältigungsseminare – Neues ausprobieren – Überforderung – Team-Entwicklung – Neues ausprobieren –Überforderung ... Und das Tragische an dieser Spirale ist die Hoffnung, dass sich an der Gesamtsituation etwas bessern könnte und das Unmögliche doch mit irgendwelchen Tricks (oder noch mehr Anstrengung) möglich gemacht werden könnte.

Alle Erzieherinnen kennen das Phänomen nur zu genau: Wie schön sind doch die Randzeiten, in denen nur wenige Kinder in der Kita sind. Wir genießen die Ruhe am frühen Morgen, die wir mit intensiven Kontakten gestalten können, oder die Ferienzeiten, in denen weniger Kinder kommen und sich auf einmal der sonst verhaltensauffällige Simon entspannt und sich deutlich weniger auffällig verhält. Die wöchentliche Vorschulstunde mit sechs Kindern ist so viel angenehmer durchzuführen als mit den üblichen zehn oder zwölf Kindern. Wir ändern nichts daran, dass wir Kinder „in Massen" in den Kitas versorgen und begleiten. Aber wir können raus aus alten Schuhen und für Entlastung sorgen: Sagen Sie Nein zu Bilderbuchbetrachtungen, Geburtstagsfeiern und Ausflügen mit der ganzen Gruppe sowie zu Festen mit Großaufwand. Gestalten Sie stattdessen Ihre Arbeitsbedingungen und:

- Betrachten Sie Bilderbücher mit einem bis vier Kindern.
- Feiern Sie Geburtstage in kleinen Gruppen (das Kind lädt Kinder und Erzieherin dazu ein).
- Sagen Sie Ja zu kleinen, aber feinen Festen oder Veranstaltungen.
- Machen Sie Spaziergänge und Ausflüge mit zwei Kolleginnen und höchstens sechs Kindern.

Und wenn das organisatorisch nicht machbar ist an jenem Tag, dann *lassen Sie es* sein! Vielleicht ist es aber machbar, weil die Kolleginnen mit dem Rest der Kinder eher eine Betreuungsfunktion einnehmen und für Sicherheit und Begleitung sorgen, bis sie selbst in den Genuss kommen, mit einer kleinen Gruppe oder einzelnen Kindern entspannte Angebote zu erleben. Es ist wesentlich einfacher, Dinge in der Kita sein zu lassen, als neue Dinge hinzuzunehmen. Dies Eltern oder Träger und manchmal auch Kolleginnen zu vermitteln, ist eine Herausforderung. Machen Sie deutlich, dass ein Weniger an Großgruppenveranstaltungen ein Mehr an Förderung und Individualität bringt. So kann es für Augenblicke oder kurze Phasen gelingen, aus dem Kita-Trott auszusteigen, neue Kräfte zu tanken und auch dauerhafte Verbesserungen im Alltag zu erreichen.

Literatur und Webadressen

BREUSTEDT, S. (2010): Erzieherinnengesundheit in Niedersachsen. Bachelorarbeit, S. 41

HAUG-SCHNABEL, G. (2009): Aggressionen bei Kindern, Herder Verlag, Freiburg, S. 12

HÜTHER G. (2011): Was wir sind und was wir sein könnten, Fischer Verlag, Frankfurt a. M.

LANDESVEREINIGUNG FÜR GESUNDHEIT UND AKADEMIE FÜR SOZIALMEDIZIN NIEDERSACHSEN E.V. (Hrsg.) (2010): Gesunde Kita für alle – Leitfaden zur Gesundheitsförderung im Setting Kindertagesstätte, Hannover, S. 26

NAUMANN & GÖBEL VERLAGSGESELLSCHAFT (Hrsg.) (1996): Das neue deutsche Wörterbuch für Schule und Beruf, Heyne Verlag, München, S. 528, 687

VOLLMER K. (2008): Fachwörterbuch für Erzieherinnen und pädagogische Fachkräfte, Herder Verlag, Freiburg i. Br., S. 68ff.

SPRENGEL, R. (1991): Mythos Motivation, Campus Verlag, Frankfurt

Zum Begriff Motivation:
http://de.wikipedia.org/wiki/Motivation

Zum Thema Gehirn, Gedanken:
www.bernhard-becker.de/gehirn.html

Informationen rund um den Erzieherinnenberuf:
www.erzieherin.de